社会消防安全教育培训系列丛书

住宅物业消防安全培训教程

清大东方教育科技集团有限公司　编

中国人民公安大学出版社
·北　京·

图书在版编目（CIP）数据

住宅物业消防安全培训教程/清大东方教育科技集团有限公司编. —北京：中国人民公安大学出版社，2018.6

（社会消防安全教育培训系列丛书）

ISBN 978-7-5653-3235-7

Ⅰ.①住… Ⅱ.①清… Ⅲ.①物业管理—消防管理—安全培训—教材 Ⅳ.①TU998.1

中国版本图书馆 CIP 数据核字（2018）第 047062 号

住宅物业消防安全培训教程

清大东方教育科技集团有限公司　编

出版发行：中国人民公安大学出版社
地　　址：北京市西城区木樨地南里
邮政编码：100038
经　　销：新华书店
印　　刷：北京市泰锐印刷有限责任公司

版　　次：2018 年 6 月第 1 版
印　　次：2018 年 6 月第 1 次
印　　张：12.5
开　　本：787 毫米×1092 毫米　1/16
字　　数：255 千字

书　　号：ISBN 978-7-5653-3235-7
定　　价：34.00 元

网　　址：www.cppsup.com.cn　　www.porclub.com.cn
电子邮箱：zbs@cppsup.com　　zbs@cppsu.edu.cn

营销中心电话：010-83903254
读者服务部电话（门市）：010-83903257
警官读者俱乐部电话（网购、邮购）：010-83903253
教材分社电话：010-83903259

社会消防安全教育培训系列丛书

编审委员会

住宅物业消防安全培训教程

撰稿人：庞建军　辛本顺　杨旭东
审　核：陈广民

作者简介

庞建军，高级工程师、注册安全工程师、一级注册消防工程师。从事消防监督检查、火灾事故调查、消防法制、建设工程消防设计审核验收技术复核等消防专业技术工作二十余年，三次荣立三等功。参与编写大型工具书《中国消防手册》，发表学术论文35篇，获公安部优秀专业技术人才奖励津贴，曾任中国科学技术大学专业学位硕士生校外指导老师。

辛本顺，工程师、一级注册消防工程师，现任山东省日照市公安消防支队防火监督处处长。参与编写大型工具书《中国消防手册》，发表学术论文16篇，从事消防监督管理工作近二十年，从事建设工程消防设计审核验收等工作多年，具有扎实的理论基础和实践能力。

杨旭东，工程师、一级消防注册工程师，从事消防监督工作二十余年，从事建设工程消防设计审核验收、消防宣传培训、社会单位消防管理及社会消防管理创新等工作多年，参与编写多部教材、标准，发表学术论文二十余篇，有较丰富的教学经验。

前　言

党的十九大报告指出：中国特色社会主义进入新时代，我国社会主要矛盾已经转化为人民日益增长的美好生活需要和不平衡不充分的发展之间的矛盾。预防火灾事故、减少火灾危害、维护公共安全是享有美好生活的基本前提。消防安全事关人民群众生命财产安全，事关改革发展大局稳定，是人民群众最关心、最直接、最现实的利益问题，也是保护和发展社会生产力、促进经济社会持续健康发展的最基本保障。

大量惨痛的火灾事故教训告诉我们，面向全社会开展长期持续、专业、科学、规范的消防安全教育培训，是最直接、最经济、最有效的消防安全基础工作，必须坚持不懈地开展下去。随着我国经济和社会的快速发展，社会各界对消防安全教育培训的要求越来越迫切。公民对消防安全教育培训的形式、内容和专业性提出了更高的期待和要求。为此，清大东方教育科技集团有限公司作为我国规模最大、覆盖面最广的消防安全培训机构，组织专家学者编写了社会消防安全教育培训系列丛书，以满足社会消防安全教育培训的实际需要。

系列教材以《中华人民共和国消防法》、《消防安全责任制实施办法》（国办发〔2017〕87 号）、《社会消防安全教育培训规定》（公安部 109 号令）、《社会消防安全教育培训大纲（试行）》（公消〔2011〕213 号）为依据，深刻总结历次火灾事故经验教训，借鉴世界各国成熟经验，研究新时期消防安全教育培训特点，充分考虑消防安全教育培训一线迫切需求，力求做到有的放矢、科学实用。

系列教材的编写者是来自公安消防战线长期从事消防宣传教育的专家和消防安全培训行业资深教育工作者，对消防安全教育培训既有较高的理论水平，又有丰富的实践经验，使之在编写质量上有了可靠保障。

该系列教材共28册，分批次陆续出版，是目前我国适用范围最广、专业性最强的消防安全教育培训教材，可满足不同层次、不同读者的自学需要和消防安全教育培训教员使用，也可供消防工作者阅读参考。

“社会消防安全教育培训系列丛书”编审委员会

2018年5月

编写说明

人类对火的认识、使用和掌握是人类认识自然并利用自然改善生产和生活的一次实践，可以说，没有火便没有人类社会的今天。火善用则为福，不善用则为祸。火灾又是一种不受时间、空间限制，发生频率非常高的灾害，给人类生命和财产安全造成了巨大损失。火灾带给人们的不仅仅是物质的损失，同时也给人们留下了难以抚平的精神创伤。尽管科学技术日益发展，人类社会进入了高度发达的信息时代，但火灾所造成危害并未减轻。目前，我国城乡居民居住条件逐步得到改善，人均住房面积增加，建筑耐火等级也有了显著提高，但这并没有减少住宅火灾的发生，住宅火灾起数和直接财产损失反而呈现出逐年增多的趋势，占全部火灾起数和直接财产损失的比重也在逐渐增大，住宅火灾形势严峻，直接影响到了社会稳定和全面建成小康社会的进程。

住宅物业管理，是指住宅业主通过选聘物业服务企业，由业主和物业服务企业按照物业服务合同约定，对房屋及配套的设施设备和相关场地进行维修、养护、管理，维护物业管理区域内的环境卫生和相关秩序的活动，消防安全管理是住宅物业管理的重要内容。本教程从住宅物业消防安全管理实际需求出发，力求理论与实践的统一，以全面落实住宅物业消防管理责任为主线，深入浅出地对物业消防安全管理实践的具体问题进行了详细剖析。

本教程第一、二、三、六、七、九、十章由庞建军编写，第四、五章由辛本顺编写，第八章由杨旭东编写，最后由庞建军统稿。本书在编写过程中参考了部分文献资料，在此一并表示感谢。

由于编者水平所限，书中难免有不妥和疏漏之处，欢迎各位专家和广大读者批评指正。

编者

2018 年 3 月

目录

CONTENTS

第一章　消防工作概述

【内容提要】本章主要介绍了火灾的危害性、与消防工作有关的法律、法规等知识和消防工作的主要任务。通过学习本章，读者应了解火灾的概念及其危害性，掌握基本的消防法律、法规知识，了解消防工作的主要任务，为做好本职工作打下基础。

消防工作是同火灾作斗争的一项专门性工作，直接关系到人民群众的生命和财产安全，关系到社会稳定和群众的安居乐业，关系改革发展大局稳定，是全面建成小康社会的重要安全保障。消防安全与人民群众日常工作、生活息息相关，时时相伴，是社会性、群众性非常强的工作，既是消防工作的参与者又是消防安全的受益者，做好消防安全工作是全社会的共同责任。

第一节　火灾的危害

火灾是在时间或空间上失去控制的燃烧，是发生频率高、最普遍地威胁公众安全和社会发展的主要灾害之一。火灾是各种自然与社会灾害中发生概率最高的一种灾害。据联合国世界火灾统计中心（WFSC）统计，近年来在全世界范围内，每年发生的火灾次数高达600万至700万起，每年约有6.5万至7.5万人死于火灾。火灾的危害十分严重，具体表现在以下几个方面：

一、危害生命安全

火灾产生的大量有毒烟气和高温会造成重大人身伤亡，巨大的破坏能力会引起建筑物倒塌，危及救援人员及尚未逃生人员的生命安全。2010年11月15日14时30分左右，上海市静安区某教师公寓大楼发生特别重大火灾事故，造成58人死亡、71人受伤，直接经济损失达1.58亿元。事故的直接原因是公寓大楼节能综合改造项目施工过程中，施工人员违规进行电焊作业，溅落的金属熔融物引燃脚手架防护平台上堆积的聚氨酯保温材料碎块、碎屑引发火灾。2015年6月25日2时45分许，郑州市金水区西关虎屯新区4号楼2单元1层楼梯间发生火灾，造成15人死亡、2人受伤，过火面积4平方米，直接经济损失达996.8万元。火灾事故原因是4号楼2单元1层楼梯间用户接线箱内电气线路单相接地短路，引燃箱内存放的纸张等可燃物所致。

二、造成巨大财产和经济损失

火灾会造成建筑物及建筑内设备、物资损失，灭火救援大量使用灭火剂、灭火器材，人员善后安置、房屋重建需要大量资金投入，如火灾发生在工厂，工厂停产也会造成巨大的间接经济损失。2013 年 6 月 3 日 6 时 10 分许，位于吉林省长春市德惠市的吉林宝源丰禽业有限公司主厂房发生特别重大火灾爆炸事故，共造成 121 人死亡、76 人受伤，17234 平方米主厂房及主厂房内生产设备被损毁，直接经济损失达 1.82 亿元。

三、破坏人类文明成果

我国历史悠久，传统文化遗迹遍布全国各地，古建筑是其中极为重要的组成部分。古建筑是中华民族五千年灿烂文化的积淀和宝贵的文化遗产，是中华文明源远流长的历史见证，也是不可再生的人文资源。一旦发生火灾，将对人类文明成果造成无法挽回的损失。1994 年 11 月 15 日 1 时许，吉林省吉林市银都夜总会（在市博物馆楼内，由博物馆租给吉林省建设开发集团公司，与台商合资开办）因有人故意放火引发火灾，烧死 2 人，烧毁毗连的市博物馆和图书馆 6800 平方米，烧毁古文物 32239 件，世界早期邮票 11000 枚，黑龙江省送展的 7000 万年以前的大型恐龙化石（长 11 米、高 6.5 米）一具，直接财产损失达 671 万元，文物价值难以计算。

四、影响社会稳定

频繁发生的火灾，特别是发生在影响国计民生的场所，会造成心理恐慌，影响人民群众的安全感，影响社会稳定。1994 年 12 月 8 日，在新疆克拉玛依市友谊馆举行的一场演出中，因舞台纱幕被光柱灯烤燃，火势迅速蔓延，易燃材料燃烧后产生大量有毒气体，加之部分安全出口锁闭，造成 325 人死亡、132 人受伤，其中中小学生 288 人。火灾造成的影响至今仍未完全平复。2015 年 5 月 25 日 19 时 30 分许，河南省平顶山市鲁山县康乐园老年公寓发生特别重大火灾事故，造成 39 人死亡、6 人受伤，过火面积 745.8 平方米，直接经济损失达 2064.5 万元，直接影响到了社会稳定。

五、破坏生态环境

火灾释放出的浓烟直接影响空气质量和大气环境，森林火灾会使大量动植物灭绝，导致生态失衡、水土流失、环境恶化，严重威胁人类的生存环境。2010 年 7 月 16 日，辽宁省大连中石油国际储运有限公司原油库输油管道发生爆炸，引发大火并造成大量原油泄漏，泄漏的 1500 吨原油入海，造成 430 余平方千米海面污染。

2015 年 8 月 12 日，位于天津市滨海新区天津港的瑞海国际物流有限公司危险品仓库发生特别重大火灾爆炸事故，至少有 129 种化学物质发生爆炸燃烧或泄漏扩散，事故残留的化学品与产生的二次污染物逾百种，对大气环境、水环境和土壤环境造成了不同程度的污染。

第二节 消防法律基础

我国的法律体系包括法律、行政法规、地方性法规、自治条例和单行条例及国务院部门规章和地方政府规章。消防法律、法规是我国社会主义法律体系的重要组成部分，是社会主义法治建设的重要内容，对于推进消防事业的科学发展，维护公共安全、促进社会和谐具有十分重要的意义。

古人云："火善用之则为福，否之则为祸。"在人类社会发展过程中，要保障生产、生活以及人类自身的安全，就必须加强对火的控制，有效地同火灾作斗争，消防管理、消防法规就随着社会发展的需要应运而生。我国古代的消防管理称为火政管理，概括起来就是设火官（火兵）、立火禁、修火宪。设火官（火兵）即设置掌管火政的官员和专司灭火的兵丁；立火禁即发布防火政令和建立御火制度；修火宪即制定法律，依法治火。

新中国成立后，党和政府十分重视消防工作，大力发展消防事业。1957 年 11 月 29 日，第一届全国人民代表大会常务委员会批准了《消防监督条例》；1984 年 5 月 11 日，第六届全国人民代表大会常务委员会第五次会议批准了《中华人民共和国消防条例》，取代了《消防监督条例》。1987 年 2 月 23 日，国务院颁布了《中华人民共和国消防条例实施细则》。1998 年 4 月 29 日，第九届全国人民代表大会常务委员会第二次会议通过了《中华人民共和国消防法》，并于 1998 年 9 月 1 日起正式实施。2008 年 10 月 28 日，第十一届全国人民代表大会常务委员会第五次会议审议通过修订后的《中华人民共和国消防法》，自 2009 年 5 月 1 日起施行。各省、自治区、直辖市以及有立法权的较大城市也都依据《中华人民共和国消防法》相继制定、修订了与消防法相配套的地方性消防法规或规章。公安部制定了《机关、团体、企业、事业单位消防安全管理规定》（公安部令第 61 号）等一系列规章，制定、修订了《城市消防站建设标准》《建筑设计防火规范》等国家强制性工程建筑消防技术规范和消防产品技术标准。初步形成了以《中华人民共和国消防法》为主干，以行政法规、部门规章和消防技术规范、标准为枝干，以地方性消防法规和政府规章为补充的消防法规体系，消防工作已经形成了有法可依、有章可循的局面，为推动消防行政执法工作沿着法治化轨道健康、顺利发展提供了可靠依据。

一、《中华人民共和国消防法》

《中华人民共和国消防法》分为总则、火灾预防、消防组织、灭火救援、监督检查、法律责任、附则，共七章七十四条。

（一）消防工作的方针、原则和责任制

《中华人民共和国消防法》在总则中规定，“消防工作贯彻预防为主、防消结合的方针，按照政府统一领导、部门依法监管、单位全面负责、公民积极参与的原则，实行消防安全责任制，建立健全社会化的消防工作网络”，确立了消防工作的方针、原则和责任制。

1.“预防为主、防消结合”的方针，科学准确地阐明了防和消的关系，正确地反映了同火灾作斗争的基本规律。防与消是实现消防安全的两种必要手段，互相联系、互相渗透，相辅相成，缺一不可。在消防工作中，必须坚持防消并举、防消并重的思想，将火灾预防和火灾扑救有机地结合起来，最大限度地保护人身、财产安全，维护公共安全，促进社会和谐。

2.“政府统一领导、部门依法监管、单位全面负责、公民积极参与”的原则是消防工作经验和客观规律的反映。消防安全是政府社会管理和公共服务的重要内容，是社会稳定、经济发展的重要保障。政府有关部门对消防工作齐抓共管，这是由消防工作的社会化属性决定的。各级公安、住房和城乡建设、工商、质监、教育、人力资源和社会保障、民政等部门应当依据有关法律、法规和政策规定，依法履行相应的消防安全监管职责。单位是社会的基本单元，是消防安全管理的核心主体。公民是消防工作的基础，没有广大人民群众的参与，消防工作就不会发展进步，全社会抗御火灾的基础就不会牢固。

3.“实行消防安全责任制，建立健全社会化的消防工作网络”，这是我国做好消防工作的经验总结，也是从无数火灾中得出的教训。消防安全渗透在人们生产、生活的各个方面，实践证明，各级政府、政府各部门、各行各业以及每个人在消防安全方面各尽其责，实行消防安全责任制，建立健全社会化的消防工作网络，有利于增强全社会的消防安全意识，有利于调动各部门、各单位和广大群众做好消防安全工作的积极性，有利于进一步提高全社会整体抗御火灾的能力。2017 年 10 月 29 日，国务院办公厅印发了《消防安全责任制实施办法》，对消防安全责任制的实施作出全面、具体规定，进一步明确、完善了“党政同责、一岗双责、齐抓共管、失职追责”的消防安全责任体系，对于落实消防安全责任，预防和减少火灾具有十分重要的意义。

（二）单位的消防安全责任

单位是社会消防安全管理的基本单元，对消防安全和致灾因素的管理能力，反映了社会消防安全管理水平。《中华人民共和国消防法》关于单位的消防安全责任的规定主要有以下几点：

1. 任何单位都有维护消防安全、保护消防设施、预防火灾、报告火警的义务；任何单位都有参加有组织的灭火工作的义务；机关、团体、企业、事业等单位应当加强对本单位人员的消防宣传教育。

2. 机关、团体、企业、事业等单位的消防安全职责：(1) 落实消防安全责任制，制定本单位的消防安全制度、消防安全操作规程，制定灭火和应急疏散预案；(2) 按照国家标准、行业标准配置消防设施、器材，设置消防安全标志，并定期组织检验、维修，确保完好有效；(3) 对建筑消防设施每年至少进行一次全面检测，确保完好有效，检测记录应当完整准确，存档备查；(4) 保障疏散通道、安全出口、消防车通道畅通，保证防火防烟分区、防火间距符合消防技术标准；(5) 组织防火检查，及时消除火灾隐患；(6) 组织进行有针对性的消防演练；(7) 法律、法规规定的其他消防安全职责。

3. 消防安全重点单位除履行单位消防安全职责外，还应当履行下列消防安全职责：(1) 确定消防安全管理人，组织实施本单位的消防安全管理工作；(2) 建立消防档案，确定消防安全重点部位，设置防火标志，实行严格管理；(3) 实行每日防火巡查，并建立巡查记录；(4) 对职工进行岗前消防安全培训，定期组织消防安全培训和消防演练。

4. 同一建筑物由两个以上单位管理或者使用的，应当明确各方的消防安全责任，并确定责任人对共用的疏散通道、安全出口、建筑消防设施和消防车通道进行统一管理。住宅区的物业服务企业应当对管理区域内的共用消防设施进行维护管理，提供消防安全防范服务。

5. 任何单位不得损坏、挪用或者擅自拆除、停用消防设施、器材，不得埋压、圈占、遮挡消火栓或者占用防火间距，不得占用、堵塞、封闭疏散通道、安全出口、消防车通道。

6. 任何单位都应当无偿为报警提供便利，不得阻拦报警，严禁谎报火警；发生火灾，必须立即组织力量扑救，邻近单位应当给予支援；火灾扑灭后，发生火灾的单位和相关人员应当按照公安机关消防机构的要求保护现场，接受事故调查，如实提供与火灾有关的情况。

7. 被责令停止施工、停止使用、停产停业的单位，应当在整改后向公安机关消防机构报告，经公安机关消防机构检查合格，方可恢复施工、使用、生产、经营。

8. 任何单位都有权对公安机关消防机构及其工作人员在执法中的违法行为进行检举、控告。

(三) 公民在消防工作中的权利和义务

公民是消防工作重要的参与者和监督者。公民在消防工作中权利和义务的规定主要有以下几个方面：

1. 任何人都有维护消防安全、保护消防设施、预防火灾、报告火警的义务；

任何成年人都有参加有组织的灭火工作的义务。

2. 任何人不得损坏、挪用或者擅自拆除、停用消防设施、器材，不得埋压、圈占、遮挡消火栓或者占用防火间距，不得占用、堵塞、封闭疏散通道、安全出口、消防车通道。

3. 任何人发现火灾都应当立即报警；任何人都应当无偿为报警提供便利，不得阻拦报警；严禁谎报火警。

4. 火灾扑灭后，相关人员应当按照公安机关消防机构的要求保护现场，接受事故调查，如实提供与火灾有关的情况。

5. 任何人都有权对公安机关消防机构及其工作人员在执法中的违法行为进行检举、控告。

（四）建设多种形式消防组织

多种形式消防组织的发展，为保卫经济建设的全面、协调、可持续发展，保障人民群众安居乐业发挥了重要作用。消防工作实践证明，建立多种形式的消防组织，是由我国国情决定的，是发展和保障民生的重要基础，是全面建成小康社会的必然要求。

1. 明确了建立多种形式的消防组织的总体要求。《中华人民共和国消防法》第 35 条规定："各级人民政府应当加强消防组织建设，根据经济社会发展的需要，建立多种形式的消防组织，加强消防技术人才培养，增强火灾预防、扑救和应急救援的能力。"

2. 区分城市、乡镇，明确建设不同形式消防队伍的要求。《中华人民共和国消防法》第 31 条规定："县级以上地方人民政府应当按照国家规定建立公安消防队、专职消防队，并按照国家标准配备消防装备，承担火灾扑救工作。乡镇人民政府应当根据当地经济发展和消防工作的需要，建立专职消防队、志愿消防队，承担火灾扑救工作"。

3. 针对一些特殊的单位，《中华人民共和国消防法》第 39 条规定："下列单位应当建立单位专职消防队，承担本单位的火灾扑救工作：（一）大型核设施单位、大型发电厂、民用机场、主要港口；（二）生产、储存易燃易爆危险品的大型企业；（三）储备可燃的重要物资的大型仓库、基地；（四）第一项、第二项、第三项规定以外的火灾危险性较大、距离公安消防队较远的其他大型企业；（五）距离公安消防队较远、被列为全国重点文物保护单位的古建筑群的管理单位。"

4.《中华人民共和国消防法》第 41 条规定："机关、团体、企业、事业等单位以及村民委员会、居民委员会根据需要，建立志愿消防队等多种形式的消防组织，开展群众性自防自救工作。"

二、《中华人民共和国刑法》

刑法是规定犯罪、刑事责任和刑罚的法律。《中华人民共和国刑法》第 13 条规定："一切危害国家主权、领土完整和安全，分裂国家、颠覆人民民主专政的政权和推翻社会主义制度，破坏社会秩序和经济秩序，侵犯国有财产或者劳动群众集体所有的财产，侵犯公民私人所有的财产，侵犯公民的人身权利、民主权利和其他权利，以及其他危害社会的行为，依照法律应当受刑罚处罚的，都是犯罪，但是情节显著轻微危害不大的，不认为是犯罪。"与消防安全责任追究有关的主要有放火罪、失火罪、消防责任事故罪、重大责任事故罪、强令违章冒险作业罪、重大劳动安全事故罪、大型群众性活动安全事故罪、危险物品肇事罪等。

（一）放火罪

放火罪，是指故意放火焚烧公私财物，危害公共安全的行为。放火罪是一种故意犯罪，其侵犯的客体是公共安全，即不特定的多数人的生命、健康或者重大公私财产的安全。

1. 犯放火罪的，尚未造成严重后果的，处三年以上十年以下有期徒刑；致人重伤、死亡或者使公私财产遭受重大损失的，处十年以上有期徒刑、无期徒刑或者死刑。

2. 本罪主体为一般主体，凡达到法定刑事责任年龄、具有刑事责任能力的人均可成为本罪主体。

（二）失火罪

失火罪，是指由于行为人的过失引起火灾，造成严重后果，危害公共安全的行为，是一种过失危害公共安全的犯罪。本罪侵犯的客体是公共安全，即不特定多数人的生命、健康或重大公私财产的安全。

1. 过失引起火灾，涉嫌下列情形之一的，应予立案追诉：导致死亡一人以上，或者重伤三人以上的；造成公共财产或者他人财产直接经济损失五十万元以上的；造成十户以上家庭的房屋以及其他基本生活资料烧毁的；造成森林火灾，过火有林地面积二公顷以上，或者过火疏林地、灌木林地、未成林地、苗圃地面积四公顷以上的；其他造成严重后果的情形。

本条和本规定第15条规定的"有林地""疏林地""灌木林地""未成林地""苗圃地"，按照国家林业主管部门的有关规定确定。

2. 犯失火罪的，处三年以上七年以下有期徒刑；情节较轻的，处三年以下有期徒刑或者拘役。

3. 本罪主体为一般主体，凡达到法定刑事责任年龄、具有刑事责任能力的人均可成为本罪主体。

（三）消防责任事故罪

消防责任事故罪，是指违反消防管理法规，经消防监督机构通知采取改正措施而拒绝执行，造成严重后果的行为。

1. 违反消防管理法规，经消防监督机构通知采取改正措施而拒绝执行，涉嫌下列情形之一的，应予立案追诉：造成死亡一人以上，或者重伤三人以上；造成直接经济损失一百万元以上的；其他造成严重后果的情形。

2. 犯本罪的，处三年以下有期徒刑或者拘役；后果特别严重的，处三年以上七年以下有期徒刑。

3. 本罪主体为一般主体，凡达到法定刑事责任年龄、具有刑事责任能力的人均可成为本罪主体。一般来说，单位的消防安全责任人、消防安全管理人、专兼职消防管理人员居多。

（四）重大责任事故罪

重大责任事故罪，是指在生产、作业中违反有关安全管理的规定，因而发生重大伤亡事故或者造成其他严重后果的行为。

1. 具有下列情形之一的，应当认定为“造成严重后果”或者“发生重大伤亡事故或者造成其他严重后果”：造成死亡一人以上，或者重伤三人以上的；造成直接经济损失一百万元以上的；其他造成严重后果或者重大安全事故的情形。

2. 犯本罪的，处三年以下有期徒刑或者拘役；情节特别恶劣的，处三年以上七年以下有期徒刑。

3. 本罪主体为一般主体，凡达到法定刑事责任年龄、具有刑事责任能力的人均可成为本罪主体。一般多为生产、作业过程中的人员。

（五）强令违章冒险作业罪

强令违章冒险作业罪，是指企业、工厂、矿山等单位的领导者、指挥者、调度者等在明知确实存在危险或者已经违章，工人的人身安全和国家、企业的财产安全没有保证，继续生产会发生严重后果的情况下，仍然不顾相关法律规定，以解雇、减薪以及其他威胁，强行命令或者胁迫下属进行作业，造成重大伤亡事故或者严重财产损失的行为。

1. 具有下列情形之一的，应当认定为“造成严重后果”或者“发生重大伤亡事故或者造成其他严重后果”：造成死亡一人以上，或者重伤三人以上的；造成直接经济损失一百万元以上的；其他造成严重后果或者重大安全事故的情形。

2. 犯本罪的，处五年以下有期徒刑或者拘役；情节特别恶劣的，处五年以上有期徒刑。

3. 本罪主体为一般主体，凡达到法定刑事责任年龄、具有刑事责任能力的人均可成为本罪主体。具有强令资格的人，通常情况下是作业的领导者、指挥者、调度者。

（六）重大劳动安全事故罪

重大劳动安全事故罪，是指安全生产设施或者安全生产条件不符合国家规定，因而发生重大伤亡事故或者造成其他严重后果的行为。

1. 安全生产设施或者安全生产条件不符合国家规定，涉嫌下列情形之一的，应予立案追诉：造成死亡一人以上，或者重伤三人以上；造成直接经济损失一百万元以上的；其他造成严重后果的情形。

2. 犯本罪的，处三年以下有期徒刑或者拘役；情节特别恶劣的，处三年以上七年以下有期徒刑。

3. 本罪的犯罪主体为特殊主体，即是企事业单位中的对造成重大责任事故负有直接责任的主管人员或其他直接责任人员。

（七）大型群众性活动安全事故罪

大型群众性活动重大安全事故罪，是指在生产、作业中违反有关安全管理的规定，因而发生重大伤亡事故或者造成其他严重后果的行为。

1. 举办大型群众性活动违反安全管理规定，涉嫌下列情形之一的，应予立案追诉：造成死亡一人以上，或者重伤三人以上；造成直接经济损失一百万元以上的；其他造成严重后果的情形。

2. 发生重大伤亡事故或者造成其他严重后果的对直接负责的主管人员和其他直接责任人员，处三年以下有期徒刑或者拘役。情节特别恶劣的处三年以上七年以下有期徒刑。

3. 本罪的主体为特殊主体，即大型群众性活动的举办者或者举办单位直接负责的主管人员，以及对该活动的安全保卫工作负有直接责任的人员。直接负责的主管人员和其他直接责任人员。

（八）危险物品肇事罪

危险物品肇事罪，是指违反爆炸性、易燃性、放射性、毒害性、腐蚀性物品的管理规定，在生产、储存、运输、使用中，由于过失发生重大事故，造成严重后果的行为。

1. 涉嫌下列情形之一的，应予立案追诉：造成死亡一人以上，或者重伤三人以上；造成直接经济损失一百万元以上的；其他造成严重后果的情形。

2. 犯本罪的，处三年以下有期徒刑或者拘役；后果特别严重的，处三年以上七年以下有期徒刑。

3. 本罪的主体为一般主体，凡达到法定刑事责任年龄、具有刑事责任能力的人均可成为本罪主体。主要是从事生产、储存、运输、使用爆炸性、易燃性、放射性、毒害性、腐蚀性物品的职工。

三、《机关、团体、企业、事业单位消防安全管理规定》

《机关、团体、企业、事业单位消防安全管理规定》（公安部令第 61 号）自 2002 年 5 月 1 日起施行。该规章共 10 章 48 条。

（一）消防安全责任人、消防安全管理人的确定

法人单位的法定代表人或者非法人单位的主要负责人是单位的消防安全责任人，对本单位的消防安全工作全面负责。单位可以根据需要确定本单位的消防安全管理人。

（二）消防安全责任制落实

单位应当落实逐级消防安全责任制和岗位消防安全责任制，明确逐级和岗位消防安全职责，确定各级、各岗位的消防安全责任人。

（三）消防安全责任人消防安全职责

1. 贯彻执行消防法规，保障单位消防安全符合规定，掌握本单位的消防安全情况；

2. 将消防工作与本单位的生产、科研、经营、管理等活动统筹安排，批准实施年度消防工作计划；

3. 为本单位的消防安全提供必要的经费和组织保障；

4. 确定逐级消防安全责任，批准实施消防安全制度和保障消防安全的操作规程；

5. 组织防火检查，督促落实火灾隐患整改，及时处理涉及消防安全的重大问题；

6. 根据消防法规的规定建立专职消防队、义务消防队；

7. 组织制定符合本单位实际的灭火和应急疏散预案，并实施演练。

（四）消防安全管理人消防安全职责

单位可以根据需要确定本单位的消防安全管理人。消防安全管理人对单位的消防安全责任人负责，实施和组织落实下列消防安全管理工作。未确定消防安全管理人的单位，以下消防安全管理工作由单位消防安全责任人负责实施：

1. 拟订年度消防工作计划，组织实施日常消防安全管理工作。

2. 组织制订消防安全制度和保障消防安全的操作规程并检查督促其落实。

3. 拟订消防安全工作的资金投入和组织保障方案。

4. 组织实施防火检查和火灾隐患整改工作。

5. 组织实施对本单位消防设施、灭火器材和消防安全标志的维护保养，确保其完好有效，确保疏散通道和安全出口畅通。

6. 组织管理专职消防队和义务消防队。

7. 在员工中组织开展消防知识、技能的宣传教育和培训，组织灭火和应急疏散预案的实施和演练。

8. 消防安全管理人应当定期向消防安全责任人报告消防安全情况，及时报告涉及消防安全的重大问题。

9. 单位消防安全责任人委托的其他消防安全管理工作。

（五）居民住宅区的物业服务企业消防安全职责

1. 制定消防安全制度，落实消防安全责任，开展消防安全宣传教育。

2. 开展防火检查，消除火灾隐患。

3. 保障疏散通道、安全出口、消防车通道畅通。

4. 保障公共消防设施、器材以及消防安全标志完好有效。

（六）消防安全宣传教育和培训要求

单位应当通过多种形式开展经常性的消防安全宣传教育。单位应当组织新上岗和进入新岗位的员工进行上岗前的消防安全培训。消防安全宣传教育和培训的主要内容是：有关消防法规、消防安全制度和保障消防安全的操作规程；本单位、本岗位的火灾危险性和防火措施；有关消防设施的性能、灭火器材的使用方法；报火警、扑救初起火灾以及自救逃生的知识和技能；组织、引导在场群众疏散的知识和技能。

（七）灭火、应急疏散预案和演练

灭火和应急疏散预案应当包括下列内容：组织机构（灭火行动组、通信联络组、疏散引导组、安全防护救护组）；报警和接警处置程序；应急疏散的组织程序和措施；扑救初起火灾的程序和措施；通信联络、安全防护救护的程序和措施。单位应当结合本单位实际，制定相应的灭火和应急疏散预案，至少每年组织一次演练。

四、《社会消防安全教育培训规定》

《社会消防安全教育培训规定》（公安部令第109号）2008年12月30日公安部部长办公会议通过，并经教育部、民政部、人力资源和社会保障部、住房和城乡建设部、文化部、广电总局、安全监管总局、国家旅游局同意，自2009年6月1日起施行。

（一）部门管理职责

公安、教育、民政、人力资源和社会保障、住房和城乡建设、文化、广电、安全监管、旅游、文物等部门应当按照各自职能，依法组织和监督管理消防安全教育培训工作，并纳入相关工作检查、考评。各部门应当建立协作机制，定期研究、共同做好消防安全教育培训工作。

公安机关消防机构定期对社区居民委员会、村民委员会的负责人和专（兼）职消防队、志愿消防队的负责人开展消防安全培训。民政部门指导社区居民委员会、村民委员会和各类福利机构开展消防安全教育培训工作。人力资源和社会保障部门指导和监督机关、企业和事业单位将消防安全知识纳入干部、职工教育、培训内容。

（二）消防安全教育培训的内容

消防安全教育培训的内容主要包括：国家消防工作方针、政策；消防法律、法规；火灾预防知识；火灾扑救、人员疏散逃生和自救互救知识；其他应当教育培训的内容。

（三）单位消防安全教育培训

单位应当根据本单位的特点，建立健全消防安全教育培训制度，明确机构和人员，保障教育培训工作经费，按照下列规定对职工进行消防安全教育培训：定期开展形式多样的消防安全宣传教育；对新上岗和进入新岗位的职工进行上岗前消防安全培训；对在岗的职工每年至少进行一次消防安全培训；消防安全重点单位每半年至少组织一次、其他单位每年至少组织一次灭火和应急疏散演练。单位对职工的消防安全教育培训应当将本单位的火灾危险性、防火灭火措施、消防设施及灭火器材的操作使用方法、人员疏散逃生知识等作为培训重点。

（四）居民消防安全教育

社区居民委员会、村民委员会应当开展下列消防安全教育工作：组织制定防火安全公约；在社区、村庄的公共活动场所设置消防宣传栏，利用文化活动站、学习室等场所，对居民、村民开展经常性的消防安全宣传教育；组织志愿消防队、治安联防队和灾害信息员、保安人员等开展消防安全宣传教育；利用社区、乡村广播、视频设备定时播放消防安全常识，在火灾多发季节、农业收获季节、重大节日和乡村民俗活动期间，有针对性地开展消防安全宣传教育。社区居民委员会、村民委员会应当确定至少一名专（兼）职消防安全员，具体负责消防安全宣传教育工作。

物业服务企业应当在物业服务工作范围内，根据实际情况积极开展经常性消防安全宣传教育，每年至少组织一次本单位员工和居民参加的灭火和应急疏散演练。

五、《社会消防技术服务管理规定》

《社会消防技术服务管理规定》（公安部令第129号）2013年10月18日公安部部长办公会议通过，2014年2月3日公安部令第129号发布，2016年1月14日公安部令第136号修订，自修订之日起施行。

（一）资质许可制度

消防技术服务机构，是指从事消防设施维护保养检测、消防安全评估等消防技术服务活动的社会组织。国家对消防技术服务机构实行资质许可制度。消防技术服务机构应当取得相应消防技术服务机构资质证书（以下简称资质证书），并在资质证书确定的业务范围内从事消防技术服务活动。消防设施维护保养检测机构的资质分为一级、二级和三级，消防安全评估机构的资质分为一级和二级。

（二）消防设施维护保养检测机构技术服务活动分级

1. 一级资质、临时一级资质的消防设施维护保养检测机构可以从事各类建筑的建筑消防设施的检测、维修、保养活动。

2. 二级资质的消防设施维护保养检测机构可以从事单体建筑面积四万平方米以下的建筑、火灾危险性为丙类以下的厂房和库房的建筑消防设施的检测、维修、保养活动。

3. 三级资质的消防设施维护保养检测机构可以从事生产企业授权的灭火器检查、维修、更换灭火药剂及回收等活动；一级资质、二级资质的消防设施维护保养检测机构可以从事建筑消防设施检测、维修、保养活动。

（三）消防安全评估机构技术服务活动分级

消防安全评估机构可以从事区域消防安全评估、社会单位消防安全评估、大型活动消防安全评估、特殊消防设计方案安全评估等活动，以及消防法律法规、消防技术标准、火灾隐患整改等方面的咨询活动。一级资质、临时一级资质的消防安全评估机构可以从事各种类型的消防安全评估以及咨询活动。二级资质的消防安全评估机构可以从事社会单位消防安全评估以及消防法律法规、消防技术标准、一般火灾隐患整改等方面的咨询活动。

（四）消防设施维护保养检测机构技术服务活动

消防设施维护保养检测机构应当按照国家标准和行业标准规定的工艺、流程进行检测、维修、保养，保证经维修、保养的建筑消防设施、灭火器的质量符合国家标准、行业标准。消防技术服务机构出具的书面结论文件应当由技术负责人、项目负责人签名，并加盖消防技术服务机构印章。消防设施维护保养检测机构对建筑消防设施、灭火器进行维修、保养后，应当制作包含消防技术服务机构名称及项目负责人、维修保养日期等信息的标识，在消防设施所在建筑的醒目位置、灭火器上予以公示。

第三节　消防工作任务

消防工作的主要任务是预防火灾和减少火灾危害，加强应急救援工作，保护人身、财产安全，维护公共安全。

一、预防火灾和减少火灾危害

预防火灾包含两层含义：一是做好预防火灾的各项工作，防止发生火灾；二是要积极做好灭火准备工作，一旦发生火灾能够及时、有效地进行扑救，最大限度地减少火灾危害。预防火灾的主要措施有编制消防规划并落实，加强建设工程消防设计审核验收及备案，落实全社会消防安全责任，强化对人员密集场所和易燃易爆危险品场所监管，加强消防知识的宣传和培训，加强消防组织建设和公共消防设施建设。

二、加强应急救援工作

根据经济社会发展对保障和改善民生、完善应急救援机制的需要，加强公安消防队和专职消防队应急救援建设和保障措施，地方人民政府针对本行政区域内的特点制定应急预案，建立应急反应和处置机制，为火灾扑救和应急救援工作提供人员、装备等保障；公安消防队、专职消防队依照国家规定组织实施专业技能训练，配备并维护保养装备器材，提高火灾扑救和应急救援的能力，承担重大灾害事故和其他以抢救人员生命为主的应急救援工作。

三、保护人身、财产安全

人身安全和财产安全是受火灾直接危害的两个方面，在消防工作中要把人的生命健康放在第一位，防火、灭火工作的根本目的就是要保护人民群众人身安全，保护财产不受损失。

四、维护公共安全

消防安全是公共安全的重要组成部分，做好消防安全工作，维护公共安全，是政府及有关部门履行社会管理和公共服务职能，提高公共安全水平的重要内容，消防安全水平提高了，社会才会稳定，人民群众才能安居乐业。

练习题

一、选择题

1. 火灾是在（　　）上失去控制的燃烧。

A. 时间　B. 空间　C. 时间或空间　D. 时间和空间

2. 火灾的危害主要表现（　　）。

A. 危害生命安全　B. 造成巨大的经济损失

C. 破坏文明成果　D. 影响社会稳定　E. 破坏生态环境

3. 我国古代的消防管理称为火政管理，概括起来就是（　　）。

A. 设火官（火兵）　B. 立火禁　C. 建火神庙　D. 修火宪

4. 修订后的《中华人民共和国消防法》自（　　）开始实施。

A. 2008 年 10 月 28 日　B. 1998 年 4 月 29 日

C. 2009 年 5 月 1 日　D. 1998 年 9 月 1 日

5. 所有单位都应当履行的消防安全职责有（　　）。

A. 落实消防安全责任制，制定本单位的消防安全制度、消防安全操作规程，制定灭火和应急疏散预案

B. 按照国家标准、行业标准配置消防设施、器材，设置消防安全标志，并定期组织检验、维修，确保完好有效

C. 保障疏散通道、安全出口、消防车通道畅通，保证防火防烟分区、防火间距符合消防技术标准

D. 组织防火检查，及时消除火灾隐患

E. 建立消防档案，确定消防安全重点部位，设置防火标志，实行严格管理

6. 消防安全重点单位应当履行的消防安全职责是（　　）。

A. 确定消防安全管理人，组织实施本单位的消防安全管理工作

B. 组织进行有针对性的消防演练

C. 保障疏散通道、安全出口、消防车通道畅通，保证防火防烟分区、防火间距符合消防技术标准

D. 实行每日防火巡查，并建立巡查记录

E. 对职工进行岗前消防安全培训，定期组织消防安全培训和消防演练

7. 单位应当落实（　　），明确逐级和岗位消防安全职责，确定各级、各岗位的消防安全责任人。

A. 消防安全责任制

B. 岗位消防安全责任制

C. 逐级消防安全责任制和岗位消防安全责任制

D. 逐级消防安全责任制或岗位消防安全责任制

8. 以下职责属于消防安全责任人消防安全职责的是（　　）。

A. 组织制定符合本单位实际的灭火和应急疏散预案，并实施演练

B. 将消防工作与本单位的生产、科研、经营、管理等活动统筹安排，批准实施年度消防工作计划

C. 组织防火检查，督促落实火灾隐患整改，及时处理涉及消防安全的重大问题

D. 为本单位的消防安全提供必要的经费和组织保障

E. 贯彻执行消防法规，保障单位消防安全符合规定，掌握本单位的消防安全情况

9. 以下职责属于消防安全管理人消防安全职责的是（　　）。

A. 确定逐级消防安全责任，批准实施消防安全制度和保障消防安全的操作规程

B. 拟订年度消防工作计划，组织实施日常消防安全管理工作

C. 组织实施对本单位消防设施、灭火器材和消防安全标志的维护保养，确保其完好有效，确保疏散通道和安全出口畅通

D. 在员工中组织开展消防知识、技能的宣传教育和培训，组织灭火和应急疏散预案的实施和演练

E. 拟订消防安全工作的资金投入和组织保障方案

10. 以下属于居民住宅区的物业服务企业消防安全职责的是（　　）。

A. 制定消防安全制度，落实消防安全责任，开展消防安全宣传教育

B. 开展防火检查，消除火灾隐患

C. 保障疏散通道、安全出口、消防车通道畅通

D. 保障公共消防设施、器材以及消防安全标志完好有效

11. 单位对职工的消防安全教育培训应当将（　　）等作为培训的重点。

A. 本单位的火灾危险性

B. 防火灭火措施

C. 消防设施及灭火器材的操作使用方法

D. 人员疏散逃生知识

12. 消防工作的主要任务是（　　）。

A. 预防火灾和减少火灾危害　　B. 加强应急救援工作　　C. 保护人身安全

D. 保护财产安全　　E. 维护公共安全

二、判断正误题

1. 失火罪是指由于行为人的过失引起火灾，造成严重后果，危害公共安全的行为，是一种过失危害公共安全的犯罪。(　　)

2. 犯失火罪的，处三年以上七年以下有期徒刑；情节较轻的，处三年以下有期徒刑或者拘役。(　　)

3. 消防责任事故罪是指违反消防管理法规，经消防监督机构通知采取改正措施而拒绝执行，造成严重后果的行为。(　　)

4. 法人单位的法定代表人或者非法人单位的主要负责人是单位的消防安全管理人，对本单位的消防安全工作全面负责。(　　)

5. 消防安全重点单位每半年至少组织一次、其他单位每年至少组织一次灭火和应急疏散演练。(　　)

6. 物业服务企业应当在物业服务工作范围内，根据实际情况积极开展经常性消防安全宣传教育，每年至少组织一次本单位员工和居民参加的灭火和应急疏散演练。(　　)

7. 消防设施维护保养检测机构的资质分为一级、二级和三级，消防安全评估机构的资质分为一级和二级。(　　)

8.《中华人民共和国消防法》分为总则、火灾预防、消防组织、灭火救援、监督检查、法律责任、附则共七章七十四条。(　　)

9. 消防工作贯彻预防为主、防消结合的方针，按照政府统一领导、部门依法监管、单位全面负责、公民积极参与的原则，实行消防安全责任制，建立健全社会化的消防工作网络。(　　)

10. 任何单位和个人都有维护消防安全、保护消防设施、预防火灾、报告火警的义务。

11. 任何单位和个人都有参加有组织的灭火工作的义务。(　　)

12. 机关、团体、企业、事业等单位以及村民委员会、居民委员会根据需要，建立志愿消防队等多种形式的消防组织，开展群众性自防自救工作。(　　)

参考答案

一、选择题

1. C　2. ABCDE　3. ABD　4. C　5. ABCD　6. ABCDE　7. C　8. ABCDE　9. BCDE　10. ABCD　11. ABCD　12. ABCDE

二、判断正误题

1. 正确　2. 正确　3. 正确　4. 错误　5. 正确　6. 正确　7. 正确　8. 正确　9. 正确　10. 正确　11. 错误　12. 正确

第二章 消防基础知识

【内容提要】本章主要介绍了燃烧的基本知识、火灾的分类、火灾的蔓延、引发火灾的主要原因、火灾预防原则、灭火基本原理、消防安全管理知识、住宅建筑分类等内容。通过学习本章，读者应了解燃烧的基本知识，掌握火灾的分类、火灾的蔓延、引发火灾的主要原因、火灾预防原则、灭火基本原理、消防安全管理知识、住宅建筑分类等内容。

燃烧是一种自然现象，其发生、发展等遵循一定的规律，通过对其规律的研究，掌握控制燃烧发生的原理，为火灾预防、火灾扑救奠定基础。

第一节 燃烧与火灾

一、燃烧

燃烧，是指可燃物与氧作用发生的放热反应，通常伴有火焰、发光和（或）烟气的现象。

（一）燃烧的条件

燃烧的发生和发展，必须具备以下三个要素，即可燃物、助燃物（又称氧化剂）和引火源。只有这三个要素同时具备，可燃物才能够发生燃烧，无论缺少哪一个，燃烧都不会发生。对于有焰燃烧，根据燃烧的链式反应理论，燃烧过程中存在未受抑制的自由基作中间体，即有焰燃烧要具有：可燃物、助燃物、引火源和自由基链式反应四个要素。

1. 可燃物。可以燃烧的物品。根据可燃物所处的状态分为固体可燃物、液体可燃物和气体可燃物。固体可燃物有木材、塑料、纸张、硫磺等；液体可燃物有汽油、柴油、植物油等；气体可燃物有液化石油气、天然气、乙炔、氢气等。

2. 助燃物。凡是与可燃物结合能导致和支持燃烧的物质称为助燃物，如氧气、氯气、氟气等。空气中大约含有 21% 的氧，可燃物在空气中的燃烧是以氧作为氧化剂，一般意义上所说的燃烧，是指可燃物在空气中进行的燃烧。

3. 引火源。使物质开始燃烧的外部热源（能源）。主要有明火：炉火、烛火、燃着的香烟、电焊、气焊等；电火花：电弧、静电放电火花、短路火花等；高温物体：烧红的钢铁、烘烤、电炉、热的快、机械摩擦生热、凸透镜聚焦发热等；自燃引火源：化学反应热、生物发酵热、聚合放热、吸附放热等。

4. 自由基链式反应。通过研究表明，多数燃烧反应不是直接进行的，而是通过自由基团和原子这些中间产物瞬间进行的循环链式反应进行。自由基是一种高度活泼的化学基团，能与其他自由基和分子起反应，从而使燃烧按链式反应的形成扩展。未受抑制的自由基链式反应是有焰燃烧的条件之一。

（二）燃烧的充分条件

事实证明，同时具备燃烧必要条件燃烧也不一定必然发生，如在通常情况下一根燃着的火柴可以点燃纸张、棉花等可燃物而不能点燃煤块，可以说可燃物、助燃物、引火源和自由基链式反应是燃烧的必要条件，但不是充分条件，还有一个量的概念。只有达到一定的可燃物浓度、一定的氧气含量、一定的引火能量、未受抑制的自由基链式反应燃烧才可进行。

1. 一定的可燃物浓度。可燃气体或蒸气只有达到一定浓度时，才会发生燃烧或爆炸。例如，氢气在空气中的体积分数在4%～75%时才会发生燃烧；汽油在-50℃以下达不到燃烧所需要的浓度，即使有足够点火能量也不能发生燃烧。

2. 一定的氧气含量。在一定条件下，不同种类的可燃物发生燃烧在必需的最低含氧量以上才能发生，低于这一含氧量即使其他燃烧的条件全部具备，燃烧仍不能发生，例如汽油燃烧的最低含氧量为14.4%。

在规定的条件下，固体材料在氧氮混合气流中维护平稳燃烧所需的最低含氧量称为氧指数，氧指数是材料燃烧性能的一个重要标志，氧指数越小表明材料越易燃烧，氧指数越大表明材料越不易燃烧。一般来说，氧指数小于22属于易燃材料，氧指数在22～27属可燃材料，氧指数大于27属难燃材料。

3. 一定的点火能量。不同的可燃物发生燃烧，需要不同的点火能量。相对来说，气体可燃物、液体可燃物需要的点火能量小，固体可燃物需要的点火能量大。如二硫化碳的最小点火能量为0.015mJ，氢气的最小点火能量为0.015mJ，甲烷的最小点火能量为0.015mJ，煤粉的最小点火能量为40mJ，软木粉的最小点火能量为45mJ。

4. 未受抑制的自由基链式反应。对于无焰燃烧以上三个条件同时存在且相互作用，燃烧即会发生。对于有焰燃烧除上述三个条件外，燃烧过程中还需要有未受抑制的自由基发生链式反应，燃烧才能够持续。

通过对燃烧所需要的必要和充分条件的研究，防火和灭火的基本措施就是去掉一个或几个条件，使燃烧不致发生或不能持续。从燃烧的四个必要和充分条件可以看出，在火灾预防过程中可以从降低可燃物数量或浓度、降低含氧量、控制引火源、抑制自由基链式反应以防止燃烧的发生，其中控制引火源是最有效的防火方法；在灭火过程中可以从降低可燃物数量或浓度、降低含氧量、降低引火源能量、抑制自由基链式反应以达到控制燃烧发生的目的，对于有焰燃烧来说抑制自由基链式反应是最有效的灭火方法。

（三）火焰

燃烧过程中燃烧区的温度较高，其中白炽的固体粒子和某些不稳定（或受激发）的中间物质分子内电子发生能级跃迁从而发出各种波长的光。发光的气相燃烧区就是火焰，是燃烧过程中最明显的标志。由于燃烧不完全等原因，产物中存在的一些小颗粒形成了烟。可燃气体、液体和大部分的固体物质燃烧时都有火焰，部分可燃物如焦炭、木炭等在燃烧过程中不分解，加热过程中也不生成气相燃烧物，燃烧时没有火焰或火焰很小。

1. 火焰的颜色。火焰的颜色主要取决于燃烧物质的化学组成，可燃物质的组成成分不同，火焰的颜色也不相同。大多数可燃物质是由碳、氢、氮、氧、硫、磷等元素组成。一般来说，含氧量在50%以上的可燃物质燃烧时发出不显光的明亮火焰；含氧量在50%以下的可燃物质燃烧时发出显光的火焰；含碳量在50%以上的可燃物质燃烧时会发出显光且有大量黑烟的火焰。例如，液态烃燃烧时，通常具有橘色火焰并散发浓密的黑色烟云；醇类燃烧时通常具有透明的蓝色火焰，几乎不产生烟雾。

2. 火焰的温度。气体可燃物的火焰由内焰和外焰构成；液体、固体可燃物的火焰由焰心、内焰和外焰构成。外焰温度最高，内焰光亮最强，外焰温度比焰心、内焰高，是燃烧辐射热的主要来源。可燃物质的组成不同，火焰温度不同；同一种物质燃烧条件不同火焰温度也不相同。发生燃烧时，物质燃烧的火焰越大，温度越高，辐射热越强，气体对流的速度也越大。不仅会使已燃烧的物质迅速燃尽，还促使火势向四周迅速扩大蔓延。

3. 火焰对于灭火起到的提示作用。控制火焰对于迅速扑灭火灾具有决定性的作用。扑救火灾时，可以根据火焰的颜色判断燃烧的物质。例如，一氧化碳、甲烷、氢气燃烧时发出浅蓝色火焰；钠燃烧时会产生黄色火焰；甲醇、乙醇等燃烧时火焰不明显，扑救此类物质火灾时要注意观察流散的液体是否在燃烧，防止火势扩大和烧伤扑救人员。

（四）燃烧的类型

按照形成的条件和发生瞬间的特点，燃烧可分为闪燃、着火、自燃和爆炸四种类型。

1. 闪燃与闪点。可燃性液体挥发的蒸气与空气混合达到一定浓度或者可燃性固体加热到一定温度后，遇明火发生一闪即灭的燃烧称为闪燃。

闪点是指在规定的试验条件下，可燃性液体或固体表面产生的蒸气在试验火焰作用下发生闪燃的最低温度。闪点是衡量液体物质火灾危险性的重要参数，根据闪点将液体分为甲、乙、丙类火灾危险性。闪点低于28℃的液体为甲类，闪点28℃～60℃的液体为乙类，闪点大于60℃的为丙类。常见的汽油、甲醇、乙醇、乙醚、丙酮、松香水为甲类；煤油、松节油为乙类；闪点大于60℃柴油、植物油、润滑油为丙类。

2. 着火与燃点。可燃物在与空气共存的条件下与引火源接触，达到一定温度时开始产生燃烧，并在引火源离开后仍能持续燃烧的现象叫着火。着火是燃烧的开始并且以出现火焰为特征，是日常生活、生产中最常见的燃烧现象。

在规定的试验条件下，物质在外部引火源作用下表面起火并持续燃烧一定时间所需要的最低温度，称为燃点。物质的燃点越低越容易着火，火灾危险性就越大。例如黄磷的燃点为34℃，松香燃点为216℃，纸张燃点为130℃～230℃，棉花燃点为210℃～255℃，木材燃点为250℃～300℃。对于液体来说，一切可燃液体的燃点都高于闪点。例如，闪点10℃汽油燃点为16℃，闪点10℃乙醇燃点为69～76℃，松节油闪点为32℃、燃点为53℃。在防火工作中将物质的温度控制在燃点以下可以防止火灾的发生，在灭火中将着火物质的温度降到燃点以下，就可以使火熄灭。

3. 自燃与自燃点。可燃物在没有外部火源的作用时，因受热或自身发热并蓄热所产生的燃烧称为自燃。可燃物发生自燃的主要方式有：氧化发热，如褐煤、黄磷、金属硫化物、浸油脂棉纱等；分解放热，如硝化棉、赛璐珞等；聚合放热，指低分子单体聚合成高分子聚合物的反应并释放出热量，如乙炔、乙烯等；吸附放热，因吸附空气中的氧而发生自燃，如活性炭、还原铁、还原镍等；发酵放热，如一定含水量的稻草、玉米芯、锯末、籽棉、甘蔗渣等；活性物质遇水，如金属氢化物、钾、钠等；可燃物与强氧化剂混合，如丙三醇与高锰酸钾混合接触等。

自燃点，是指在规定的条件下，可燃物质产生自燃的最低温度，称为自燃点。自燃点越低火灾危险性越大。例如，樟脑的自燃点为70℃、纸张自燃点为130℃、棉花自燃点为150℃、二硫化碳自燃点为120℃。

4. 爆炸和爆炸极限。在周围介质中瞬间形成高压的化学反应或状态变化，通常具有强烈放热、发光和声响。爆炸可分为：物理爆炸，如轮胎、液化石油气钢瓶因充气压力过高等爆炸；化学爆炸，如火药、天然气、液化石油气等爆炸；核爆炸，如原子弹、氢弹爆炸。作为燃烧类型之一的爆炸，是指化学爆炸，是由于物质急剧氧化或分解产生温度、压力增加或者两者同时增加而形成的爆炸，主要有炸药爆炸、可燃气体爆炸和可燃粉尘爆炸。

爆炸极限，是指可燃气体、蒸气或者粉尘与空气混合后遇火源产生爆炸的最高或者最低浓度范围称为爆炸极限，通常用体积百分数表示，如汽油的爆炸极限为1.0%～6.0%，天然气的爆炸极限为4%～16%，氢气爆炸的极限为4.15%～75%。爆炸极限范围越大、爆炸下限越低越危险，如松香的爆炸下限为15mg/L、铝粉的爆炸下限为35mg/L、硫磺的爆炸下限为35mg/L。

（五）燃烧形式和特点

可燃物质受热后，因其所处的状态不同而发生不同的变化。绝大多数可燃物质的燃烧是在蒸气或气体的状态下进行的并产生火焰。有部分物质不能变为气态如焦炭的燃烧发生在固相中，呈灼热状态。可燃物质的性质、状态不同燃烧的特点也不一样。

1. 气体燃烧。可燃气体的燃烧所需热量仅用于氧化或分解，或者将气体加热到燃点，容易燃烧且燃烧速度快。根据燃烧前与可燃气体与氧混合状况不同，燃烧方式分为扩散燃烧和预混燃烧。

扩散燃烧，是指可燃气体从喷口（管口或容器泄漏口）喷出，在喷口处与空气中的氧边扩散混合、边燃烧的现象。燃烧过程比较稳定，如液化石油气、天然气灶具的燃烧等。对稳定的扩散燃烧，只要控制得当不会造成灾害，一旦控制不当造成灾害也比较容易扑救。

预混燃烧，是指可燃气体、蒸气与氧在燃烧前混合，形成一定浓度的可燃混合气体，被火源点燃所引起的燃烧，这类燃烧往往是爆炸式的燃烧，也叫动力燃烧。例如，液化石油气、天然气先泄漏到空气中遇火源发生爆炸，爆炸后在泄漏点处也可能形成较稳定的扩散燃烧。预混燃烧燃烧速度快，火焰传播速度快，并可能产生冲击波对周围造成破坏。破坏引发其他的可燃气体泄漏到空气中形成爆炸性气体混合物易再次发生爆炸形成连锁爆炸，破坏力大。

2. 液体燃烧。易燃、可燃液体在燃烧过程中，并不是液体本身在燃烧，而是液体受热时蒸发出来的气体被分解、氧化达到燃点而燃烧，称为蒸发燃烧。液体能否发生燃烧、燃烧速率高低与液体的蒸气压、闪点、沸点和蒸发速率等性质密切相关。一般的液体燃烧过程比较平稳，但也要注意燃烧过程中对容器加热易引起容器发生爆炸和液体体积受热膨胀导致液体扩散流淌，扩大火势。对于原油、重油等黏度大、含水且沸点比水高的油品，燃烧过程中会对未燃烧油品加热，油品中的水分会蒸发为水蒸气，水蒸气从油品内部溢出会引起油品的沸溢和喷溅，油滴在飞溅过程中和散落后继续燃烧，极易造成火灾的迅速扩大，影响周边其他可燃物及人员、设备等，造成更大的伤亡和损失。

3. 固体燃烧。按照可燃固体的燃烧方式和燃烧特征，固体燃烧的形式可分为以下五种类型：

（1）蒸发燃烧。硫、磷、钾、钠、蜡烛、松香、沥青等可燃固体，在受到火源加热时先熔化蒸发，蒸气与氧气发生燃烧反应，称为蒸发燃烧。樟脑、萘等易升华物质，在燃烧时不经过熔化过程，其燃烧过程也视为蒸发燃烧。

（2）分解燃烧。分子结构复杂的固体可燃物如木材、煤、合成塑料等，在受热后分解出其组成成分及与加热温度相应的热分解产物，这些分解产物再氧化燃烧，称为分解燃烧。在室内火灾中，火灾从室内局部可燃物燃烧迅速转变为室内空间内所有可燃物表面同时燃烧的突变现象称为轰燃，轰燃是室内可燃物在高温的作用下不断分解出可燃气体的结果，其发生标志着室内燃烧进入全面发展阶段。

（3）表面燃烧。可燃固体如木炭、焦炭等蒸气压非常小或者难以发生热分解，不能发生蒸发燃烧或分解燃烧，当氧气包围物质的表层时，呈炽热状态发生无火焰燃烧。燃烧反应是在其表面由氧和燃烧物质直接作用而发生的，称为表面燃烧。

（4）熏烟燃烧。熏烟燃烧又称阴燃，是指可燃固体在空气不流通、加热温度较低、分解出可燃挥发分较少或热散失较快、含水量较大等条件下发生只冒烟而无火焰的燃烧现象，是固体可燃物特有的燃烧形式。常见有纸张、锯末、棉花、植物秸秆等。对于此类燃烧物，要特别注意“死灰复燃”。

（5）爆炸。可燃固体爆炸式燃烧主要包括可燃粉尘爆炸、炸药爆炸和轰燃等。多次爆炸是粉尘爆炸的最大特点，所需要点火能量较高，与可燃性气体爆炸相比粉尘爆炸压力上升缓慢，较高压力持续时间长，释放能量大、破坏力强。

（六）热传递

燃烧发生发展的整个过程中终始伴随着热传递过程，热传递是影响燃烧发展的决定性因素。

1. 热传导。热量通过直接接触的物体从温度较高的部位传递到温度较低的部位的过程叫热传导。一般来说，固体物质是热的良导体，液体物质次之，气体物质较差。金属材料是优良的热导体，非金属固体多为不良热导体。外墙保温材料是热的不良导体。

2. 热对流。热通过流动介质由空间的一处传递到另一处的现象叫热对流。热对流是热传递的重要方式，是影响初起火灾的最主要因素。

3. 热辐射。以电磁波形式传递热量的现象叫热辐射。热辐射不需要通过介质，真空中也能进行热辐射传递热量。火灾处于发展阶段，热辐射成为热传递的主要形式。

（七）燃烧产物及危害

燃烧产物，是指由燃烧或热解作用而产生的全部物质，通常是燃烧生成的气体、热量、可见烟等。燃烧产物的数量、组成等随物质的化学组成以及温度、空气的供给情况等的变化而不同。

1. 燃烧产物。燃烧产物按其燃烧的完全程度分为完全燃烧产物和不完全燃烧产物。物质燃烧后产生不能继续燃烧的物质（如二氧化碳、水等），这种燃烧为完全燃烧，产物为完全燃烧产物；物质燃烧后产生还能继续燃烧的物质（如一氧化碳、酮类、醛类、醚类等），叫作不完全燃烧，产物为不完全燃烧产物。

2. 燃烧产物及危害性。燃烧产物中含有大量的毒害、窒息性气体成分，如一氧化碳、二氧化碳、氰化氢、氯化氢、氨气、光气、氮氧化物、酮类、醛类、醚类等，这些气体均对人体有不同程度的危害。一氧化碳和二氧化碳是燃烧产生的两种主要燃烧产物。统计资料表明，火灾中死亡人员中的大约75%是由于吸入毒性气体而致死的。

（1）缺氧窒息。二氧化碳虽然无毒，但当达到一定的浓度时，会刺激人的呼吸中枢，导致呼吸急促、烟气吸入量增加，并且还会引起头痛、神志不清等症状。

（2）毒害性。一氧化碳是火灾中致死的主要燃烧产物之一，其毒性在于对血液中血红蛋白的高亲和性，其对血红蛋白的亲和力比氧气高出250倍，阻碍人体血液中氧气的输送，引起头痛、虚脱、神志不清等症状和肌肉调节障碍等。有机物在不完全燃烧的情况下会产生中间气态物质——游离基，其浓度可达一氧化碳三倍之多。这些游离基被人吸入后，与肺表面发生游离基反应，肺表面迅速扩张从而降低肺吸氧功能，导致缺氧，其毒害性比一氧化碳还要大。

（3）烟气减光性和恐怖性。燃烧产生的烟气具有一定的减光性。烟气在火场中弥漫，会严重影响人的视线，烟气中有些气体对人的眼睛有极大的刺激性，降低能见度，使人难以辨别火势发展方向和寻找安全疏散路线。人处于浓烟烈焰中心理会受到极大的伤害，往往会慌不择路，影响做出正确判断。

（4）烟气高温。火灾现场由于烟气的对流作用，气体温度在短时间内可达几百摄氏度，烟气的高温会损伤呼吸道。当温度达到50℃左右的空气吸入体内，能使血压迅速下降，导致循环系统衰竭。若吸入气体温度超过70℃，就会使气管、支气管内黏膜充血起水泡，组织坏死，引起肺水肿而窒息死亡。人在100℃环境中即出现虚脱现象，丧失逃生能力，严重者会造成死亡。当烟气温度达到149℃时，由于人体吸收的热量超过身体表面散发的热量，体温超过正常状态，血压下降，毛细血管破坏，以致血液不能循环，导致脑神经中枢破坏而死亡。

二、火灾

火灾，是指在时间或空间上失去控制的燃烧。火灾是最经常、最普遍的威胁公众安全和社会发展的主要灾害之一。

（一）火灾的分类

火灾可以根据不同的方式进行分类。

1. 按照火灾造成的灾害程度分类。按照火灾造成的灾害程度分为特别重大火灾、重大火灾、较大火灾和一般火灾四个等级。

（1）特别重大火灾。是指造成30人以上死亡，或者100人以上重伤，或者1亿元以上直接财产损失的火灾。

（2）重大火灾。是指造成10人以上30人以下死亡，或者50人以上100人以下重伤，或者5000万元以上1亿元以下直接财产损失的火灾。

（3）较大火灾。是指造成3人以上10人以下死亡，或者10人以上50人以下重伤，或者1000万元以上5000万元以下直接财产损失的火灾。

（4）一般火灾。是指造成3人以下死亡，或者10人以下重伤，或者1000万元以下直接财产损失的火灾（注：“以上”包括本数，“以下”不包括本数）。

2. 按照燃烧对象的性质分类。按照燃烧对象的性质分为A、B、C、D、E、F六类。

（1）A类火灾，固体物质火灾。这种物质通常具有有机物质性质，一般在燃烧时能产生灼热的余烬，如木材、干草、煤炭、棉、毛、麻、纸张等火灾。

(2) B类火灾，液体或可熔化固体物质火灾，如汽油、煤油、柴油、原油、甲醇、乙醇、沥青、石蜡等火灾。

(3) C类火灾，气体火灾，如煤气、天然气、甲烷、乙烷、丙烷、氢气等火灾。

(4) D类火灾，金属火灾，如钾、钠、镁、钛、锆、锂等火灾。

(5) E类火灾，物体带电燃烧的火灾，如变压器、导线等设备的电气火灾。

(6) F类火灾，烹饪器具内的烹饪物火灾，如烹饪器具内动植物油脂火灾。

(二) 建筑火灾蔓延

在通常情况下，火灾都有一个由小到大、由发展到熄灭的过程，其发生、发展直至熄灭的过程在不同的环境下呈现出不同的特点。

1. 热传递引起火灾蔓延。在建筑火灾中，燃烧物质所放出的热量能通过热传导、热对流和热辐射向四周传递，影响火势蔓延和扩大。热传递的形式与起火部位、建筑材料、物质的燃烧性能和可燃物的数量等因素有关。热传导可能引起未受到火焰作用的可燃物发生燃烧，助长了火势蔓延和扩大。热对流可以将热和带火的颗粒传递到很远的位置，引起可燃物的燃烧。热辐射的强弱取决于燃烧物质的火焰温度和距离等因素，火焰温度越高、距离越近，越易引起燃烧和火势扩大。

2. 烟气扩散和火势蔓延。烟气流动的驱动力主要有室内外温差引起的烟囱效应、外界风的作用、通风空调系统的影响。烟气在水平方向的扩散流动速度较小，在火灾初期为0.1m/s～0.3m/s，在火灾中期为0.5m/s～0.8m/s。烟气在垂直方向扩散速度为1m/s～5m/s；在楼梯间或管道井中，烟气上升流动速度很大，可达6m/s～8m/s，甚至更大。火势随烟气的流动而发生蔓延扩大，蔓延的主要途径有内墙门、外墙窗、楼板上的孔洞和竖井管道、房间隔墙、穿越楼板、墙壁的管线和缝隙、闷顶等。

3. 建筑火灾发展。对于建筑火灾最初发生在室内的某一房间或部位，由此蔓延到相邻房间或区域以及整个楼层，最后蔓延到整个建筑物。发展过程大致可分为初起增长阶段、充分发展阶段、衰减阶段。

(1) 初起增长阶段。室内发生火灾后，最初只是起火部位及其周围可燃物着火燃烧，火灾燃烧范围不大，室内温度差别大、在燃烧区域及其附近存在高温，室内平均温度低，火灾发展速度较慢，在发展过程中火势不稳定，有可能形成火灾，也有可能中途自行熄灭。该阶段是灭火的最有利时机，应设法争取尽早发现火灾，把火灾及时控制消灭在起火部位。初起阶段也是人员疏散的有利时机，初起阶段的持续越长，就有更多的机会发现火灾和灭火，有利于人员安全撤离。

(2) 充分发展阶段。建筑室内火灾持续燃烧一定时间后，燃烧范围不断扩大，温度升高，室内可燃物在高温的作用下不断分解释放出可燃气体，当室内温度达到400℃～600℃时，室内绝大部分可燃物起火燃烧。火灾从室内局部可燃物燃烧迅速转变为室内空间内所有可燃物表面同时燃烧的突变现象称为轰燃，轰燃的发生标志着室内燃烧进入全面发展阶段。对于安全疏散而言，若在轰燃之前未从室内疏散撤离，则很难幸存。轰燃发生后，可燃物热释放速率很大、室温急剧上升，温度可达800℃～1000℃。火焰和高温烟气在火风压的作用下会迅速向水平和竖直方向蔓延。高温对建筑构件产生热作用使建筑构件的承载能力下降，甚至造成建筑物局部或整体倒塌破坏。

（3）衰减阶段。在火灾全面发展阶段后期，随着室内可燃物的挥发物质不断减少，以及可燃物数量减少，火灾燃烧速度减弱，温度逐渐下降。当室内平均温度降到温度最高值的80%时，则认为火灾进入衰减、熄灭阶段。

针对建筑内火灾发展的特点，在建筑防火设计中可以采取的以下措施：在建筑物内设置具有一定耐火性能的防火分隔物，把火势控制在一定的范围内，防止火灾大面积蔓延；选用耐火能力较强的建筑结构作为建筑物的承重体系，确保建筑物发生火灾时不倒塌破坏，为火灾时人员疏散、消防队扑救火灾，火灾后建筑物修复、继续使用创造条件。

（三）常见火灾原因

火灾事故都有起因，调查、分析起火原因，查找火灾蔓延扩大规律，可以更加有效地做好火灾预防工作。

1. 电气。据统计，我国电气火灾数量约占火灾总起数的30%。据公安部消防局统计，2011年至2016年，我国共发生电气火灾52.4万起，造成3261人死亡，2000余人受伤，直接经济损失达92亿余元。从电气火灾发生的主要场所来看，场所类型及其占比分别为：住宅约51%、第三产业约26%、厂房约12%、库房约7%、交通工具约4%。其中，住宅发生电气火灾事故数量高居首位，电线短路及线路老化是诱发事故的主要原因。主要有电线短路、过负荷用电、接触不良等几种原因导致事故发生，占比分别为：电线短路约48%、接触不良约15%、电气设备老化约12%、电气设备质量差约11%、违规操作约8%、超负荷用电约6%。

2. 吸烟。燃烧的香烟中心温度可达500℃～800℃，表面温度可达200℃～300℃。烟蒂被扔弃后，一般能继续燃烧1～4分钟，足够点燃许多可燃物品。许多烟民吸烟过程中及吸烟后处理不当引发火灾，主要有乱扔烟蒂、酒后吸烟、卧床吸烟、禁烟区违章吸烟等引发火灾。

3. 生活用火不慎。这主要是指居民家庭生活用火不慎，如灶具设置不当、灶具使用不当、可燃物靠近灶具等高温部件、使用蜡烛等照明不慎、烧纸敬香不慎等。

4. 生产作业不慎。生产作业过程中违章动用明火、电气焊时未按照规定采取防范措施、化学性质相抵触的物品混存、违章使用易燃液体擦拭设备等。

5. 玩火。这主要是指未成年人、精神病人等玩火以及燃放烟花爆竹引发火灾。

6. 放火。这是指当事人故意点燃可燃物，引起火灾造成人员和财产损失达到自己的目的等行为。

7. 雷击。雷暴天气时，因雷电侵入、静电感应或直击引起高大建筑物、高大设备发生火灾。

（四）火灾事故调查处理

火灾扑灭后，发生火灾的单位及其相关人员要按照公安消防部门的要求保护现场，接受事故调查，如实提供与火灾有关的情况。受损单位和个人于火灾扑灭之日起 7 日内向火灾发生地的县级公安消防部门如实申报火灾直接财产损失，并附有效证明材料。公安消防部门可以根据需要封闭火灾现场，负责调查火灾原因，统计火灾损失。当事人对火灾事故认定有异议的，可以自火灾事故认定书送达之日起 15 日内，向上一级公安消防部门提出书面复核申请。

第二节　火灾预防原理

为了有效地预防火灾事故，根据物质燃烧的充分必要条件必须采取相应的措施，以控制燃烧条件的形成和相互作用。再就是控制燃烧蔓延途径避免更大范围火灾事故的发生。

一、控制可燃物

通过控制可燃物，破坏燃烧爆炸形成的基础条件。

1. 限制可燃物。禁止在疏散通道、安全出口等处存放可燃物，家庭装修应当使用不燃或者难燃材料，使用不燃、难燃外墙保温材料。

2. 替代可燃物。使用不燃难燃材料代替可燃、易燃材料，例如用钢龙骨石膏板代替木质吊顶，用水溶剂工艺代替易燃、可燃液体工艺。

3. 防止可燃物泄漏。将可燃物限制在容器内或者仓库范围内，避免与火源、空气接触，例如避免液化石油气从钢瓶中泄漏到空气中形成爆炸性气体混合物。

4. 防止可燃物积聚。在生产、使用过程中不可避免会发生泄漏，要采取通风、清扫、除尘等措施，防止可燃物积聚。例如棉麻纺织厂要定期清扫棉麻絮，防止积聚；泄漏可燃气体的厂房要加强通风，防止形成爆炸性气体混合物。

5. 使用不燃材料包敷或阻燃处理。对于易燃、可燃装饰织物可以用阻燃剂进行阻燃处理，对于可燃、易燃材料堆场可以使用不燃材料苫盖。

二、隔绝空气

通过隔绝空气和助燃物，破坏形成燃烧爆炸的助燃条件。

1. 密闭容器防止空气进入。对于遇空气、水等自燃的物品要置于密闭容器中隔绝空气和水蒸气。

2. 使用介质隔离空气。例如将钠存放在煤油中，黄磷存放于水中，二硫化碳用水封盖液面隔绝空气防止挥发。

3. 替代空气。充装氮气等惰性气体保护生产或者储运有爆炸危险的容器、储罐或设备。

4. 采取隔离措施，防止可燃物与强氧化剂、酸、碱等物品混存。

三、控制、消除引火源

通过控制和消除引火源，防止与引起燃烧的激发能源接触，这是火灾预防的最有效措施，是火灾预防的根本之所在。

1. 合理控制并正确使用明火。使用非明火设备代替明火，使用明火时按照规定程序使用，加强使用过程中的监护和使用后的现场清理工作。

2. 消除电气火灾隐患。遵守电气设施安装使用规程，定期检测维护，使用防爆、密封型电气设施代替一般电气设施。

3. 消除静电放电条件。防止静电积累和消除产生静电放电条件。

4. 消除机械摩擦撞击火花。使用不发火地面，危险区域内禁止敲击、摩擦、撞击、穿带铁钉鞋等。

5. 防雷避雷措施。安装避雷针、避雷带、避雷网和接地设施，定期检测和维护，防止雷击。

6. 防止性质相抵触物品混存。

7. 防雨、防潮、通风降温、防止自燃。

8. 安装使用火星熄灭器和阻火器。

9. 加强监护、防止玩火和燃放烟花爆竹，加强治安防范防止放火。

五、抑制燃烧过程的链式反应

产品生产过程中添加阻燃剂，抑制燃烧过程中的链式反应，达到降低燃烧速度的目的。例如，聚氨酯不耐热，容易被点燃，产生毒性气体，危害人身财产安全。聚氨酯泡沫塑料一般通过添加阻燃剂提高泡沫塑料的阻燃性，以延缓燃烧、阻烟甚至使着火部位自熄。典型的磷—氮阻燃体系可由聚磷酸铵和三聚氰胺等组成，在泡沫受热初期，阻燃剂分解产生磷酸等，它与多羟基化合物形成具有阻燃作用的磷酸酯并释放水蒸气；在高温下泡沫中的阻燃剂气化产生不燃性气体，使熔融的泡沫炭化形成疏松的多孔性阻燃层。

第三节 灭火基本原理

根据燃烧基本条件要求，可燃物发生燃烧或持续燃烧必须具备燃烧的必要条件和充分条件。灭火就是要破坏燃烧条件使燃烧反应终止的过程。灭火的基本原理可以归纳为冷却、窒息、隔离和化学抑制四个方面。冷却、窒息、隔离是物理过程，化学抑制是化学过程。灭火都是通过四种作用的一种或几种来实现的。

一、冷却灭火

对于一般可燃物能够持续燃烧的条件之一就是在火焰或热的作用下达到了着火温度。因此，对一般可燃固体火灾将其冷却到燃点以下，对一般可燃液体火灾将其冷却到闪点以下，燃烧反应就会中止。用水扑灭固体火灾，主要是通过冷却作用实现的，水汽化后形成的水蒸气有隔离、稀释氧的作用。

二、窒息灭火

可燃物的燃烧必须在其最低氧气浓度以上进行，低于此浓度燃烧不能持续进行。通过降低燃烧物周围的氧气浓度可以起到灭火的作用。通常使用的二氧化碳、氮气、水蒸气等的灭火机理主要是窒息作用，多用于密闭或半密闭空间。

三、隔离灭火

可燃物是燃烧条件中的主要因素，把可燃物与引火源或氧气隔离开来，燃烧反应会自动中止。火灾中关闭有关阀门，切断流向着火区的可燃气体和液体的通道；打开有关阀门，使已经发生燃烧容器或受到火势威胁的容器中的液体可燃物通过管道导致安全区域，都是隔离灭火的措施。用喷洒灭火剂的方法把可燃物同空气和热隔离开来，如用泡沫覆盖于燃烧液体或固体的表面，把可燃物与火焰和空气隔开等，也属于隔离灭火法。

四、化学抑制灭火

物质中有焰燃烧中的氧化反应，是通过链式反应进行的。碳氢化合物在燃烧过程中分子被活化，产生大量的自由基成为链式反应的媒介物使反应迅速进行。将化学灭火剂喷入燃烧区参与燃烧反应，使游离基的链式反应中止，从而使燃烧反应停止或不能持续下去。常用的干粉灭火剂、卤代烷灭火剂的主要灭火机理就是化学抑制作用。灭火后还应采取冷却降温措施，以防复燃。

第四节　消防安全管理知识

一、消防术语

1. 消防设施，是指火灾自动报警系统、自动灭火系统、消火栓系统、防烟排烟系统以及应急广播和应急照明、安全疏散设施等。

2. 消防产品，是指专门用于火灾预防、灭火救援和火灾防护、避难、逃生的产品。

3. 公众聚集场所，是指宾馆、饭店、商场、集贸市场、客运车站候车室、客运码头候船厅、民用机场航站楼、体育场馆、会堂以及公共娱乐场所等。

4．人员密集场所，是指公众聚集场所，医院的门诊楼、病房楼，学校的教学楼、图书馆、食堂和集体宿舍，养老院，福利院，托儿所，幼儿园，公共图书馆的阅览室，公共展览馆、博物馆的展示厅，劳动密集型企业的生产加工车间和员工集体宿舍，旅游、宗教活动场所等。

5．公共娱乐场所，是指向公众开放的下列室内场所：影剧院、录像厅、礼堂等演出、放映场所；舞厅、卡拉OK厅等歌舞娱乐场所；具有娱乐功能的夜总会、音乐茶座和餐饮场所；游艺、游乐场所；保龄球馆、旱冰场、桑拿浴室等营业性健身、休闲场所。

6．危险化学品，是指具有爆炸、易燃、毒害、腐蚀、放射性等性质，在运输、装卸和储存保管过程中，易造成人身伤亡和财产损毁而需要特别防护的物品。常见的有汽油、乙醇、天然气、液化石油气、高锰酸钾、打火机气体、摩丝、发胶、空气清新剂、气雾杀虫剂、香水、38度以上的白酒等。

7．消防安全重点单位，是指发生火灾可能性较大以及一旦发生火灾可能造成重大人身伤亡或者财产损失的单位。

8．消防安全重点部位，是指容易发生火灾、一旦发生火灾可能严重危及人身和财产安全以及对消防安全有重大影响的部位。

9．火灾隐患，是指潜在的有直接引起火灾事故可能或者火灾发生时能增加对人员、财产的危害，或者影响人员疏散及灭火救援的一切不安全因素。具有下列情形之一的，应当确定为火灾隐患：影响人员安全疏散或者灭火救援行动，不能立即改正的；消防设施未保持完好有效，影响防火灭火功能的；擅自改变防火分区，容易导致火势蔓延、扩大的；在人员密集场所违反消防安全规定，使用、储存易燃易爆危险品，不能立即改正的；不符合城市消防安全布局要求，影响公共安全的；其他可能增加火灾实质危险性或者危害性的情形。

10．重大火灾隐患是指违反消防法律法规、不符合消防技术标准，可能导致火灾发生或火灾危害增大，并由此可能造成重大、特别重大火灾事故或严重社会影响的各类潜在不安全因素。根据《重大火灾隐患判定方法》（GB 35181－2017），重大火灾隐患有直接判定和综合判定两种方法。其中符合以下条件的可以直接判定为重大火灾隐患。

（1）生产、储存和装卸易燃易爆危险品的工厂、仓库和专用车站、码头、储罐区，未设置在城市的边缘或相对独立的安全地带。

（2）生产、储存、经营易燃易爆危险品的场所与人员密集场所、居住场所设置在同一建筑物内，或与人员密集场所、居住场所的防火间距小于国家工程建设消防技术标准规定值的75%。

（3）城市建成区内的加油站、天然气或液化石油气加气站、加油加气合建站的储量达到或超过GB 50156对一级站的规定。

（4）甲、乙类生产场所和仓库设置在建筑的地下室或半地下室。

（5）公共娱乐场所、商店、地下人员密集场所的安全出口数量不足或其总净宽度小于国家工程建设消防技术标准规定值的80%。

（6）旅馆、公共娱乐场所、商店、地下人员密集场所未按国家工程建设消防技术标准的规定设置自动喷水灭火系统或火灾自动报警系统。

（7）易燃可燃液体、可燃气体储罐（区）未按国家工程建设消防技术标准的规定设置固定灭火、冷却、可燃气体浓度报警、火灾报警设施。

（8）在人员密集场所违反消防安全规定使用、储存或销售易燃易爆危险品。

（9）托儿所、幼儿园的儿童用房以及老年人活动场所，所在楼层位置不符合国家工程建设消防技术标准的规定。

（10）人员密集场所的居住场所采用彩钢夹芯板搭建，且彩钢夹芯板芯材的燃烧性能等级低于 GB 8624 规定的 A 级。

11. 专业消防队，是指公安消防队、政府专职消防队和企业专职消防队。

12. 公安消防部门，是指依法负有消防监督管理职责的政府部门，目前主要是指公安机关消防机构、公安派出所，具有消防监督和灭火救援职能。公安机关消防机构对机关、团体、企业、事业等单位遵守消防法律、法规的情况依法进行监督检查。公安派出所对居民住宅区的物业服务企业、居民委员会、村民委员会履行消防安全职责的情况和上级公安机关确定的单位实施日常消防监督检查。

二、建筑防火知识

1. 耐火极限，在标准耐火试验条件下，建筑构件、配件或结构从受到火的作用时起，至失去承载能力、完整性或隔热性时止所用时间，用小时表示。

2. 防火隔墙，建筑内防止火灾蔓延至相邻区域且耐火极限不低于规定要求的不燃性墙体，如住宅单元间的隔墙等。

3. 防火墙，防止火灾蔓延至相邻建筑或相邻水平防火分区且耐火极限不低于 3.00h 的不燃性墙体。防火墙应直接设置在建筑的基础或框架、梁等承重结构上，框架、梁等承重结构的耐火极限不应低于防火墙的耐火极限；应从楼地面基层隔断至梁、楼板或屋面板的底面基层；当住宅建筑屋顶承重结构和屋面板的耐火极限低于 0.5h 时，防火墙应高出屋面 0.5m 以上；防火墙上不应开设门、窗、洞口，确需开设时，应设置不可开启或火灾时能自动关闭的甲级防火门、防火窗。

4. 安全出口，供人员安全疏散用的楼梯间和室外楼梯的出入口或直通室内外安全区域的出口。建筑物的安全出口数目一般不应少于 2 个，应符合分散布置、双向疏散的原则，并且相邻两个安全出口最近边缘水平距离不应小于 5m。

5. 根据楼梯间的防火要求，一般可分为敞开楼梯间、封闭楼梯间、防烟楼梯间和室外楼梯。

6. 封闭楼梯间，在楼梯间入口处设置门，以防止火灾的烟和热气进入的楼梯间。

7. 防烟楼梯间，在楼梯间入口处设置防烟的前室、开敞式阳台或凹廊（统称前室）等设施，且通向前室和楼梯间的门均为防火门，以防止火灾的烟和热气进入的楼梯间。

8. 防火间距，防止着火建筑在一定时间内引燃相邻建筑，便于消防扑救的间隔距离。

9. 防火分区，在建筑内部采用防火墙、楼板及其他防火分隔设施分隔而成，能在一定时间内防止火灾向同一建筑的其余部分蔓延的局部空间。

10. 防烟分区，在建筑内部屋顶或顶板、吊顶下采用具有挡烟功能的构配件进行分隔所形成的，具有一定蓄烟能力的空间。

11.《建筑设计防火规范》将厂房（仓库）、民用建筑的耐火等级分为一、二、三、四级。

12. 消防车道的净宽度、净高度不应小于4m，根据消防车高度的要求净高不宜小于4.5m。消防车回车场面积不宜小于12m×12m（高层建筑不宜小于15m×15m），供重型消防车使用的回车场面积不应小于18m×18m。

13. 室外消火栓的间距不应大于120m，保护半径不应大于150m。

14. 避难层（间），建筑高度大于100m的公共建筑、住宅建筑应设置避难层（间）。避难间内不应设置易燃、可燃液体或气体管道，不应开设除外窗、疏散门之外的其他开口；应设置消火栓和消防软管卷盘；在避难层（间）进入楼梯间的入口处和疏散楼梯通向避难层（间）的出口处，应设置明显的指示标志；应设置直接对外的可开启窗口或独立的机械防烟设施，外窗应采用乙级防火窗。建筑高度大于54m的住宅建筑，每户应有一间房间符合下列规定：应靠外墙设置，并应设置可开启外窗；内、外墙体的耐火极限不应低于1小时，该房间的门宜采用乙级防火门，外窗的耐火完整性不宜低于1小时。

三、建筑物分类

1. 建筑物按使用性质可分为民用建筑和工业建筑。民用建筑按使用功能可分为住宅建筑和公共建筑。民用建筑按地上层数或高度可分为单层民用建筑、多层民用建筑和高层民用建筑。

2. 住宅建筑规范以27m作为区分多层和高层住宅建筑的标准，对于高层住宅建筑，以54m划分为一类和二类。对于公共建筑，规范以24m作为区分多层和高层公共建筑的标准，再以性质重要性、火灾危险性、疏散和扑救难度将高层建筑分为一类和二类。

3. 高层建筑，建筑高度大于27m的住宅建筑和建筑高度大于24m的非单层厂房、仓库和其他民用建筑。

4. 裙房，在高层建筑主体投影范围外，与建筑主体相连且建筑高度不大于24m的附属建筑。

5. 重要公共建筑，发生火灾可能造成重大人员伤亡、财产损失和严重社会影响的公共建筑。

6. 商业服务网点，设置在住宅建筑的首层或首层及二层，每个分隔单元建筑面积不大于300m^2的商店、邮政所、储蓄所、理发店等小型营业性用房。

7. 汽车库，用于停放由内燃机驱动且无轨道的客车、货车、工程车等建筑物。

8. 地下汽车库，地下室内地坪面低于室外地坪面的高度之差大于该层车库净高1/2的汽车库。

9. 机械式汽车库，采用机械设备进行垂直或水平移动等形式停放汽车的汽车库。

四、住宅建筑防火要求

住宅作为民用建筑的重要组成部分，消防安全符合一般民用建筑的基本要求。

1. 住宅建筑。住宅建筑按照建筑耐火等级分为一、二、三、四级，一般砖混结构、钢筋混凝土结构的住宅为一、二级耐火等级，砖木结构为三、四级耐火等级。住宅建筑及装修使用的材料主要有不燃性材料，如钢材、混凝土、砖、瓦、瓷砖等，安装在钢龙骨上的纸面石膏板、矿棉吸声板也可以视为不燃材料；难燃性材料，如水泥刨花板、纸面石膏板、矿棉吸声板、阻燃强化木地板、铝塑板等；可燃性材料，如木材、竹材、胶合板、壁纸、人造革、塑料等；易燃材料，如泡沫塑料等。

2. 住宅建筑分类。按照建筑高度和层数分为高层住宅、多层住宅。高层住宅，是指建筑高度大于27m（9层）的住宅建筑（包括设置商业服务网点的住宅建筑，下同），其中建筑高度大于54m（18层）的住宅建筑为一类高层住宅，建筑高度大于27m（9层）但不大于54m（18层）的住宅建筑为二类高层住宅，建筑高度不大于27m（9层）的住宅建筑为多层住宅。不同类型的住宅设置的消防设施也不相同，一般来说，高度越高、设置的消防设施种类越多，设置标准越高。

3. 住宅防火间距。防火间距是一座建筑物发生火灾后不会蔓延到相邻建筑的空间间隔并为人员疏散、消防人员的救援和灭火提供条件，减少失火建筑对相邻建筑及其使用者造成热辐射和烟气影响。一般防火间距与日照时间、消防车通道、消防救援场地、绿地结合设置。一般来说，高层住宅间的防火间距不小于13m，多层住宅间的防火间距不小于6m，多层住宅与高层住宅间的防火间距不小于9m。防火间距范围内禁止擅自占用、搭建建筑物，禁止放置可能造成火势蔓延、扩大的可燃物资。

练习题

一、选择题

1．热传递的方式主要有（　　）。

A．热传导　B．热对流　C．热传播　D．热辐射

2．燃烧产物通常包括（　　）。

A．气体　B．固体　C．蒸气　D．热量　E．可见烟

3．烟气的对人体的危害主要有（　　）。

A．缺氧窒息　B．毒害性　C．烟气减光性　D．烟气高温　E．恐怖性

4．建筑中火灾蔓延的主要途径有（　　）。

A．内墙门

B．楼板上的孔洞和竖井管道

C．房间隔墙

D．外墙窗

E．穿越楼板、墙壁的管线和缝隙、闷顶

5．预防火灾的主要措施有（　　）。

A．控制可燃物，排除发生火灾的物质条件

B．隔绝空气，防止形成燃烧爆炸的助燃条件

C．控制和消除引火源，防止与引起燃烧的激发能源接触

D．控制火势蔓延

E．抑制燃烧过程的链式反应

6．灭火的基本原理可以归纳为（　　）。

A．冷却　B．窒息　C．隔离　D．化学抑制　E．隔开

7．建筑火灾发展过程大致可分为（　　）。

A．初起增长阶段　B．充分发展阶段　C．衰减阶段　D．熄灭阶段

二、判断正误题

1．燃烧必须具备的三个必要条件是可燃物、助燃物和引火源。（　　）

2．火灾预防过程控制引火源是最有效的防火方法。（　　）

3．化学抑制灭火后不需要采取冷却降温措施。（　　）

4．天然气泄漏遇火源产生爆炸是化学爆炸。（　　）

5．一氧化碳属于不完全燃烧产物。（　　）

6．物业管理中经常遇到的火灾有A、B、C、E、F五类。（　　）

7．一氧化碳是火灾中致死的主要燃烧产物之一，其毒性在于对血液中血红蛋白的高亲和性，其对血红蛋白的亲和力比氧气高出250倍，阻碍人体血液中氧气的输送，引起头痛、虚脱、神志不清等症状和肌肉调节障碍等。（　　）

8．据统计，我国发生的火灾中电气原因居首位。（　　）

9. 对一般可燃固体、液体火灾将其冷却到燃点以下燃烧反应就会中止。(　　)

10. 可燃物在没有外部火源的作用时，因受热或自身发热并蓄热所产生的燃烧称为自燃。(　　)

参考答案

一、选择题

1. ABD　2. ABCDE　3. ABCDE　4. ABCDE　5. ABCDE　6. ABCD　7. ABC

二、判断正误题

1. 正确　2. 正确　3. 错误　4. 正确　5. 正确　6. 正确　7. 正确　8. 正确　9. 错误　10. 正确

第三章　住宅火灾形势与对策

【内容提要】本章主要介绍了住宅主要火灾原因、住宅火灾预防措施、住宅消防安全管理对策等内容。通过学习本章，读者应掌握住宅火灾发生的主要原因，掌握住宅火灾预防措施和住宅消防安全的对策和方法，了解消防安全网格化管理要求。

住宅建筑，是指供家庭居住使用的建筑。住宅承载着家庭幸福，住宅中一般有大量的可燃材料，且用火、用电、用气的复杂性，使火灾时刻威胁着住宅安全。目前，我国城乡居民居住条件逐步得到改善，人均住房面积增加，建筑耐火等级也有了显著提高，但这并没有减少住宅火灾的发生，住宅火灾起数和直接财产损失反而呈现出逐年增多的趋势，占全部火灾起数和直接财产损失的比重也在逐渐增大。2016 年，全国住宅火灾起数、死亡人数、受伤人数分别占同期火灾起数、死亡人数、受伤人数的 40.5%、80.3%、69.8%。住宅火灾形势相当严峻，直接影响到了社会稳定和全面建成小康社会的进程。

第一节　住宅火灾原因分析

通过对住宅火灾的分析，住宅火灾之所以能造成严重的人员伤亡和直接财产损失，主要有以下几个方面的原因：

1. 电气设施安装使用不当。据统计数据分析，电气火灾发生的主要场所来看，住宅电气引发火灾约占一半，电线短路及线路老化是诱发事故的主要原因。电视机、电冰箱、洗衣机、空调、电热壶、电饭锅、电热水器、饮水机、电暖器、手机、充电宝等家电的广泛使用，用电负荷剧增。而旧有的建筑一般设计用电功率较小，加上线路陈旧老化，容易造成电线过热、绝缘层老化而短路起火；有的因电器质量不过关，长时间通电导致电器被烧坏；还有的乱拉乱接电气线路引发火灾事故。

2. 居民燃料变化带来了新的火灾危险。目前家庭中广泛使用天然气、液化石油气、煤气作为生活能源，这些方便、洁净的能源逐步替代原来的柴、煤燃料，极大地方便了人们生活，但随着时间的推移，储存与输送这些气体燃料的管道和设备难免会发生损坏泄漏，加上各种人为的错误操作因素导致发生火灾。这些因燃气使用不当引发的火灾不仅起数多而且往往殃及四邻，损失严重，极易造成人员伤亡。

3. 电动自行车存放及充电不当。伴随着电动自行车数量的剧增，电动自行车火灾事故的起数增多。除了骨架，电动自行车其他部件都是由塑料、橡胶和聚氨酯材料制成的，多数属于易燃、可燃的材料。电动车在使用过程中容易因电气线路短路、过负荷、插接件接触电阻过大、元器件高温等引发火灾。电动车火灾80%发生在充电过程中，火灾几乎全部发生在充电时段。电动车一般白天使用，夜间停放充电，电池充满时往往在凌晨，用户一般不能起床断电，容易造成电池过充发热，引起火灾。而此时人们一般处于熟睡状态，初起火灾难以被发现和及时扑救，出于防盗等目的，将电动车停放在门厅等部位，堵塞疏散、逃生通道，且电动车燃烧产生大量有毒烟气等，极易造成人员伤亡。

4. 易燃易爆危险化学品用量增加。汽车、摩托车大量进入家庭，有的在家中储存汽油，对汽油的危险特性不了解，使用管理不当引发了许多火灾爆炸事故。气体打火机或充气罐、摩丝、气雾杀虫剂等含有易燃、易爆危险化学品的日常生活用品放置在高温环境中，如室内阳光暴晒处或炉火旁，就有可能膨胀爆炸进而引起火灾。

5. 吸烟。吸烟不但危害吸烟者的健康还会引发火灾事故。燃着的香烟表面温度为200℃～300℃，中心温度达700℃～800℃，可点燃棉、麻、纸张等固体物质，更易引起各种可燃气体的燃烧。例如，躺在床上吸烟、醉酒吸烟、乱扔烟头等可能引起火灾事故。

6. 灯火照明。有时因电力供应中断，许多家庭使用蜡烛等明火照明，明火与可燃物过近，蜡烛等被碰翻，点着的蜡烛放在可燃物上都会引发火灾；使用电器照明，灯头接触不良、电气线路破损、灯具表面温度过高烤燃周围可燃物就会引发火灾事故。

7. 玩火。年龄在5～12岁未成年人，模仿能力较强，对火灾缺少预见能力，在床下或其他黑暗角落划火柴，模仿大人吸烟，在炉灶旁烧、烤食物，玩弄火柴、打火机及开关燃气炉具，在可燃物附近燃放烟花爆竹等极易起火成灾。

8. 驱蚊。用蚊香熏蒸驱蚊时，如果靠近纸张、布料、蚊帐等可燃物，极易着火；使用电蚊香驱蚊时，也可能因电器短路或恒温发热元件烧毁而引发火灾。气雾灭蚊剂中许多采用丙烷、丁烷等易燃易爆气体做动力，喷射时如附近有火源、热源等，极易引发火灾。

从引发火灾的原因看，主要是消防安全意识淡薄，自防自救能力差，致小火成大灾。许多居民缺乏消防安全意识和技能，面对燃气用具、新型家用电器、含有危险化学品的物质进入家庭，不懂得如何安全使用和如何预防火灾，不会报警和扑救初起火灾，缺少灭火器材致使小火酿成大灾。许多家庭只注重豪华、漂亮、舒适，很少考虑防火安全，大量使用可燃、易燃、有毒材料，在室内可燃物增多的同时，降低了住宅的耐火等级。有的在楼梯间停放电动车，有的在楼梯间为电动车充电，还有的在楼梯间堆放杂物，发生火灾时难以脱逃。有的阳台堆放易燃可燃杂物引火入室，车辆直接停放在居民楼下，堵塞消防通道，使消防车、登高车无法直接抵达迅速实施救援。

第二节 住宅火灾预防措施

通过住宅火灾的原因进行分析，火灾原因非常集中，主要是用火不慎、电气原因占到了全部住宅火灾总数的绝大多数。其中，用火不慎包括炉灶、烟道漏火、余火复燃、明火照明、祭祀等；电气火灾原因有短路、过载、接触不良、忘记断电、故障等形式。根据燃烧发生条件，为减少住宅火灾就必须有效地降低住宅的火灾载荷和控制火源，特别是减少因用火不慎和电气等原因造成的火灾。

1. 电气线路的安装和家用电器的使用要规范。电表、电气线路荷载应根据自己家庭使用的电气设备总功率计算确定，并留有1/3荷载余量，每户都应单设开关和适宜的保险丝，注意不要同时使用大功率电器，以免超过额定负荷。导线与导线、导线与开关的连接一定要牢固；不能乱拉乱接电气线路；要经常检查电气线路和家用电器是否完好无损，防止漏电、短路、超负荷等现象发生。对于家用电器，应选择质量好、信誉佳的品牌，并请专业安装人员安装调试；有接地、避雷装置的，安装好接地、避雷装置。电源插头、插座应远离可燃物，电热器具在使用过程中必须有人照管，使用完毕后，应待其完全冷却后，将其放在干燥处保存。

2. 要正确使用燃气灶具。无自动点火装置的，应先开总气阀，然后先点火后开启炉具开关。使用完毕，应先关总气阀，再关炉具开关。室内通风条件应保持良好，不得同时布置其他炉灶。要经常检查炉灶各部位，如发现有漏气，要立即关闭开关，采取通风措施，熄灭火源，禁止开、关电气设备，及时请专业人员维修，严禁私自维修、拆卸、改装。使用炉灶时应有人照看，锅、壶等不宜盛水过满，以免溢出熄灭火焰。液化石油气钢瓶要防止碰撞、敲打、倾倒或倒置，按照规定定期进行检验，严禁乱倒残液，不得接近火源、热源，钢瓶与灶具之间要保持1m以上的安全距离。

3. 做好电动自行车的存放和充电管理。修订电动自行车的产品标准，提高电动自动车的零部件材料的燃烧性能，对电动自行车布线、电路保护、防水、停放位置及充电器、控制器报废期限等安全内容作出明确定，监督生产厂家严格执行，从生产源头控制电动自行车的产品质量，用户使用时应当严格按照说明书要求进行充电等操作，经常性对电动自行车进行安全检查。禁止在公共走道、疏散楼梯处存放电动自行车并充电，禁止不按照标准敷设充电线路。在室外或停车场等场所设置专门的电动自行车停放场地并安装充电设施。

4. 安全存放易燃易爆危险化学品。住宅内尽量不储存易燃易爆危险化学品，确需使用的，不宜超过0.5kg，不要用易破裂的玻璃容器及易积聚静电的塑料制品容器盛装并保证密封。油漆、香蕉水、清漆等，应随用随买，并存放在安全可靠的地方。

5. 吸烟安全。提倡禁烟。吸烟后要将烟头置于用陶瓷、玻璃等不燃材料制成并且有水的烟灰缸内。绝不能躺在床上或沙发上吸烟、乱扔烟头和火柴梗、乱磕烟灰，更不能将燃着的烟头随处乱放。

6. 照明安全。照明灯具应与可燃物保持一定的安全距离。用电灯具与地面高度不应小于2m，下方不要堆放可燃物。灯具所选用的导线应合适，不得随意更换大功率灯具。灯具所使用的镇流器，应用不燃材料做隔热处理，不能直接安装在可燃构件上。采用明火照明时不要靠近可燃物，最好放在用非燃材料制作的专门灯龛内，蜡烛基座应采用不燃材料。

7. 监护玩火。加强对小孩的教育，使他们认识到玩火的危险性，做到不玩火。要把火柴、打火机、香烟等放在孩子拿不到的地方，家中的燃气炉灶等不要让孩子随意开启。禁止未成年人在没有监护人的监护下燃放烟花爆竹。家长外出时不要将未成年人独自留在家中或反锁在室内，应托人照看。

8. 驱蚊安全。用蚊香驱蚊时，要远离可燃物，放在铁支架上或瓷碗、铁盒里，最好用不燃的金属网罩隔开，人离开时应熄灭。用电蚊香驱蚊时，应先检查导线、插头、热敏元件是否完好，每次用完应拔掉电源插头，冷却后还要做好清理工作。使用气雾剂时应远离火源、热源，驱蚊后应做好通风。

第三节 住宅消防安全管理对策

通过对住宅火灾的分析，住宅火灾之所以能造成严重的人员伤亡和直接财产损失，主要有以下原因：

1. 住宅内可燃物品较多，火灾一旦发生，就有迅速蔓延到整个房间的可能。尤其是村民住宅，大都没有防火分隔措施，火灾发生后，会迅速扩大蔓延，造成严重伤亡和重大财产损失。

2. 住宅内用电设备繁多，生活用火频繁，加之住宅空间较小，极易引发火灾事故。火灾发生后，一般发现较晚。当被火围困者意识到已发生火灾，实际上火势已蔓延扩大，封住通道和门窗等，由于火势猛烈或因火灾中产生的一氧化碳等有毒气体中毒，使被围困者无法脱离险境。

3. 住宅火灾死伤者以幼儿、老年人最多，这是造成住宅火灾严重伤亡的一个不可忽视的方面。幼儿、老年人一般身体活动能力较弱，自身保护能力差，当遇到火势威胁时，遇难的可能性较大。

住宅火灾多发的主要原因是人为因素造成的，可以通过提高人们的消防安全意识和自防自救能力来预防；能通过降低住宅火灾载荷和严格控制火源来减少火灾危害；能通过安装火灾自动报警和自动灭火设施来扑救初起住宅火灾，将火灾危害降到最低程度。消防工作的基础在于预防，预防的根本在于公众的消防安全意识和消防素质。一是要提高消防安全意识，自觉遵守国家消防方面的法律、法规和技术规范，真正从思想上树立预防为主的思想意识，在工作、学习、生活过程中注意做好火灾预防工作；二是要掌握预防火灾和自救逃生的技能；三是要掌握基本的灭火技能，发现火灾能够及时报警，能够扑救初起火灾，避免小火酿大灾。村居民家庭成员要学习一些日常防火知识，防患于未然。

1．落实消防安全网格化管理措施。街道办事处、乡镇人民政府主要负责人是消防安全网格化管理的第一责任人，分管负责人为主要责任人。要成立由街道办事处、乡镇人民政府主要领导负责，综治办、安监办、公安派出所、民政所、工商所等部门负责人参加的街道办事处、乡镇人民政府消防安全委员会，定期召开联席会议，研究、布置消防工作。依托综治办等部门设立消防办公室，明确消防专（兼）职管理人员，负责日常消防管理工作；鼓励有条件的街道、乡镇成立消防工作专门机构。居民委员会、村民委员会主任是网格中消防工作的第一责任人，对本网格消防安全管理全面负责；社区、村“两委”委员应确定1～2名消防专兼职管理人员，具体负责本级消防安全网格化管理日常工作，组织建立防火安全公约，开展经常性防火检查、消防宣传教育和组织扑救初起火灾。居民楼院、村组责任。居民楼院（小区）、村组要建立由楼院长、村组负责人牵头的群众性消防安全志愿组织，在居民群众中确定消防管理员和消防宣传员，实行“多户联防、区域联防”，开展消防安全自我检查、自我宣传、自我管理等群防群治工作。沿街门店、家庭式作坊等小场所、小单位要结合实际开展防火检查巡查和消防教育培训工作，确保员工达到“一懂三会”（懂本单位火灾危险性，会报火警、会扑救初起火灾、会火场逃生自救）的要求。

2．街道办事处、乡镇人民政府要组织开展针对性的消防安全检查，火灾多发季节、重大节假日期间和农业收获季节要加强防火检查；居民委员会、村民委员会要每月对居民楼院（小区）、村组和沿街门店、家庭式作坊等小单位、小场所开展排查；居民楼院（小区）、村组要每周进行防火检查；巡防队员、物业管理人员、保安、社会单位管理人员要结合岗位职责，开展日常防火检查巡查。对检查发现的火灾隐患，要做好登记并及时督促整改。燃气、电力供应单位要定期检测、维护住宅电气线路、燃气管线，及时消除火灾隐患。

3．街道、乡镇要开展有针对性的消防宣传教育，广泛普及防火灭火和逃生自救常识。在社区、居民楼院场所设置消防宣传橱窗（标牌），开展经常性的消防安全提示。有条件的要建设消防教育体验活动室，定期组织居民群众参加消防教育和灭火逃生体验。培育群众性消防志愿精神，鼓励社会单位和个人积极投身消防公益事业，倡导志愿消防服务，引导志愿者参与消防宣传培训、查改身边火灾隐患等活动。

4．要充分发挥基层治安防范力量在消防安全网格化管理中的作用，推行巡防消防一体化和“保消合一”模式，加强治安巡防队员、保安人员的消防业务培训，配备必要的消防装备器材，提高防火检查、消防宣传和组织扑救初起火灾的能力。治安巡防队员在开展日常巡逻时承担防火巡查、扑救初起火灾和消防宣传教育工作职能，保安队员要结合从事门卫、巡逻、守护等工作，对社区和单位开展防火巡查。

5. 加强住宅火灾隐患源头管控。住宅室内吊顶应采用不燃材料，墙面、地面应采用不燃或难燃材料以降低火灾载荷。室内装修安装的电气线路应严格执行电气安装规程，所有电气线路均应穿套管，接线盒、开关、槽灯、吸顶灯及发热器件周围应用不燃材料做防火隔热处理。电线、管道穿墙、楼板的孔洞应严密封堵，以防止火灾蔓延。住宅要配备灭火器、救生绳等消防器材和逃生设施，有条件的要设置独立式火灾报警器和简易自动喷水灭火装置，使用燃气的厨房内安装可燃气体报警器。楼梯间内禁止堆放杂物，通往楼顶平面的安全出口要保持畅通或不使用钥匙等工具便于从内部开启，阳台上易燃、可燃物要及时清理。要制订家庭防火和火场逃生计划，熟记逃生路线，实地勘验疏散通道是否畅通。

练 习 题

选择题

1. 住宅火灾的主要原因是（　　）。

A. 用火不慎　　B. 玩火　　C. 电气原因　　D. 放火

2. 老旧住宅楼推广安装（　　）可以有效减少火灾。

A. 应急广播　　B. 简易喷淋　　C. 感烟报警　　D. 电气火灾监控装置

3. 加强电动自行车管理的措施的有（　　）。

A. 用户使用时应当严格按照说明书要求进行充电等操作

B. 经常性对电动自行车进行安全检查

C. 禁止在公共走道、疏散楼梯处存放电动自行车并充电，禁止不按照标准敷设充电线路

D. 在室外或停车场等场所设置专门的电动自行车停放场地并安装充电设施

参考答案

选择题

1. AC　2. ABCD　3. ABCD

第四章　消防安全管理职责

【内容提要】本章主要介绍了住宅消防安全管理的主体及职责、住宅物业相关组织消防安全职责、住宅物业服务企业的消防安全职责、公共物业设施的管理实施、住宅物业管理消防法律责任等内容。读者应了解住宅消防安全管理的主体及职责、住宅物业相关组织消防安全职责，掌握住宅物业服务企业的消防安全职责、公共物业设施的管理实施、住宅物业管理消防法律责任等内容。

住宅火灾严重威胁人民生命财产安全，易导致重大人身伤亡和财产损失，影响社会和谐稳定。吸取火灾事故教训，规范、引导、加强住宅的消防安全管理，预防和减少火灾危害，保障居民的安居乐业刻不容缓。

第一节　住宅消防安全管理的主体及职责

承担消防安全管理职能和责任的各类组织都是住宅消防管理的主体，主要由以下组织构成。

一、街道办事处、乡镇政府

《中华人民共和国消防法》第22条规定："乡镇人民政府、城市街道办事处应当指导、支持和帮助村民委员会、居民委员会开展群众性的消防工作。"街道办事处、乡镇政府作为政府的派出机构或基层政府，是国家消防法律规定的消防管理的责任主体，负有重要管理责任。要成立消防工作联席会议或消防安全委员会，设立消防工作机构承担日常消防管理工作。

二、公安派出所及警务室

《中华人民共和国消防法》第53条规定："公安机关消防机构应当对机关、团体、企业、事业等单位遵守消防法律、法规的情况依法进行监督检查。公安派出所可以负责日常消防监督检查、开展消防宣传教育，具体办法由国务院公安部门规定。"公安部《消防监督检查规定》第3条第2款规定："公安派出所可以对居民住宅区的物业服务企业、居民委员会、村民委员会履行消防安全职责的情况和上级公安机关确定的单位实施日常消防监督检查。"公安派出所具体承担住宅区域的消防监督管理工作。公安派出所应当明确领导和消防专（兼）职民警负责消防监督管理工作。社区警务室要配备专（兼）职民警专门负责日常消防安全管理工作。

三、村（居）民委员会

《中华人民共和国消防法》第22条规定："村民委员会、居民委员会应当确定消防安全管理人，组织制定防火安全公约，进行防火安全检查。"居委会要成立消防安全工作领导小组，具备负责指导、协调、实施消防安全管理工作。

四、业主大会或业主委会员

业主大会或业主委员会是物业管理区域内代表全体业主对物业实施自治管理的组织。代表业主的合法权益，实行业主自治与专业化管理相结合的管理体制，保障物业的合理与安全使用，是社区消防管理的重要主体之一。业主委员会要根据社区居民需要成立消防联防组织和志愿消防队。

五、物业服务企业

《中华人民共和国消防法》第18条第2款规定："住宅区的物业服务企业应当对管理区域内的共用消防设施进行维护管理，提供消防安全防范服务。"《机关、团体、企业、事业单位消防安全管理规定》第10条规定："居民住宅区的物业管理单位应当在管理范围内履行下列消防安全职责：制定消防安全制度，落实消防安全责任，开展消防安全宣传教育；开展防火检查，消除火灾隐患；保障疏散通道、安全出口、消防车通道畅通；保障公共消防设施、器材以及消防安全标志完好有效。"物业管理服务企业是受业主委员会聘请专业从事社区物业管理的单位。物业管理单位要自觉履行消防法定安全职责，成立消防安全领导组织，明确消防安全责任人、管理人和专（兼）职消防管理人员，具体实施消防安全管理。

第二节　住宅物业相关组织消防安全职责

《中华人民共和国消防法》、国务院办公厅《关于印发消防安全责任制实施办法的通知》（国办发〔2017〕87号）、公安部《机关、团体、企业、事业单位消防安全管理规定》（公安部令第61号）、公共安全行业标准《住宅物业消防安全管理》（GA 1283—2015）等消防法律、法规和技术标准，明确了住宅物业相关组织消防安全职责。

一、业主、物业使用人应当履行的消防安全职责

1. 遵守消防法律法规，自觉履行维护消防安全、保护消防设施、预防火灾、报告火警的义务，不得损坏、挪用或者擅自拆除、停用消防设施、器材，不得埋

压、圈占、遮挡消火栓或者占用防火间距，不得占用、堵塞、封闭疏散通道、安全出口、消防车通道。

2. 遵守临时管理规约、管理规约约定的消防安全事项，执行业主大会和业主大会授权业主委会员作出的有关消防安全管理工作的决定。

3. 配合物业服务企业做好住宅物业的消防安全工作。业主、物业使用人应在指定区域停放汽车、助动车、摩托车和电动自行车，落实消防安全措施。

4. 按照规定承担消防设施的维修、更新、添置的相关费用。

5. 做好自用房屋、自用设备和场地的防火安全工作，及时排查整改火灾隐患。

6. 业主、物业使用人应按照规划主管部门批准或房地产权证书载明的用途使用物业，不应违法改变使用性质。封闭的住宅物业管理区域内的住宅、架空层、设备层、车库等不应改变使用性质。不得改变房屋使用性质，出租房屋的要符合有关规定。

7. 业主、物业使用人需要装饰装修房屋的，应事先告知物业服务企业，电器产品、燃气用具的安装、使用及其线路、管路的设计、敷设，应符合消防技术标准和管理规定。

二、业主大会、业主委员会应当履行消防安全职责

1. 组织、督促业主、物业使用人遵守消防法律法规，监督临时管理规约、管理规约约定的消防安全事项的实施；

2. 与居（村）民委员会相互协作共同做好住宅物业的消防安全工作；

3. 配合居（村）民委员会依法履行消防安全自治管理职责，支持居（村）民委员会开展消防工作，并接受其指导和监督；

4. 监督物业服务企业落实消防安全防范服务工作；

5. 依据消防法律法规、消防技术标准及专项维修资金管理的相关法律法规，根据物业服务企业申请，按照程序批准使用专项维修资金，维修更新消防设施。

三、物业服务企业应当履行的消防安全职责

1. 制定并实行逐级消防安全责任制和岗位消防安全责任制，确定各级、各岗位消防安全责任人员，成立志愿消防队伍，制定并落实管理区域的消防安全制度和操作规程。

2. 配合公安派出所、居（村）民委员会开展消防安全工作，落实物业服务合同中约定的消防安全防范服务事项。

3. 组织对物业服务企业员工进行消防安全培训，开展消防安全宣传教育，指导、督促业主和物业使用人遵守消防安全管理规定。将房屋装饰装修中的消防安全禁止行为和注意事项告知业主、物业使用人。

4. 开展防火巡查、检查，消除火灾隐患，保障疏散通道、安全出口、消防车

道畅通，保障消防车作业场地不被占用。

5. 对管理区域内的共用消防设施、器材及消防安全标志进行维护管理，确保完好有效。

6. 制定灭火和应急疏散预案，定期开展演练。

7. 落实消防控制室管理制度，发现火灾及时报警，积极组织扑救，并保护火灾现场，协助火灾事故调查。

四、物业服务企业、业主、物业使用人禁止行为

1. 搭建违章建（构）筑物影响消防安全。

2. 损坏、挪用、埋压、圈占、遮挡或擅自拆除、停用消防设施器材。

3. 占用防火间距。

4. 占用、堵塞、封闭疏散通道、安全出口和其他妨碍安全疏散行为。

5. 占用、堵塞、封闭消防车道，妨碍消防车通行。

6. 占用消防车作业场地，设置妨碍举高消防车作业和消防车通行的绿化或障碍物。

7. 疏散通道、安全出口燃放烟花、烧纸敬香等使用明火。

8. 在疏散通道、安全出口、楼梯间停放电动车；违反用电安全要求私拉电线和插座给电动车充电。

第三节　住宅物业服务企业的消防安全职责

物业服务企业作为独立的单位，本身应当履行《中华人民共和国消防法》第16条规定的消防安全职责：落实消防安全责任制，制定本单位的消防安全制度、消防安全操作规程，制定灭火和应急疏散预案；按照国家标准、行业标准配置消防设施、器材，设置消防安全标志，并定期组织检验、维修，确保完好有效；对建筑消防设施每年至少进行一次全面检测，确保完好有效，检测记录应当完整准确，存档备查；保障疏散通道、安全出口、消防车通道畅通，保证防火防烟分区、防火间距符合消防技术标准；组织防火检查，及时消除火灾隐患；组织进行有针对性的消防演练；法律、法规规定的其他消防安全职责。单位的主要负责人是本单位的消防安全责任人。

同时履行所负责物业管理区域的消防安全职责。一个物业服务企业如果同时负责多个区域的物业服务管理，各区域的物业服务企业分公司或项目部也应当明确消防安全责任人、管理人。住宅物业服务企业的消防安全管理中心是全面落实消防安全四个能力，即提高检查消除火灾隐患的能力、提高组织扑救初起火灾的能力、提高组织人员疏散逃生的能力、提高消防宣传教育培训的能力。

一、消防安全领导组织

单位要以正式文件明确各部门、各岗位的消防安全责任人，成立以主要负责人为主任、分管责任人为副主任的消防安全委员会，负责组织实施本单位的消防安全管理工作。

（一）《关于明确消防安全责任人等消防组织的通知》（示例）

根据《中华人民共和国消防法》《机关、团体、企业、事业单位消防安全管理规定》的有关要求，现将我单位消防安全责任人、消防安全管理人、消防工作归口管理部门、专兼职消防人员公布如下：

公司消防安全责任人：王××　董事长、总经理

公司消防安全管理人：张××　副总经理

公司消防工作归口管理部门：保安部

公司专兼职消防人员：华××（保安部经理）

公司消防安全委员会

主　任：王××　董事长、总经理

副主任：张××　副总经理

成　员：胡××　办公室主任

司××　人事部经理

秀××　财务部经理

华××　保安部经理

钱××　××小区物业分公司经理

包××　××小区物业项目部经理

段××　××小区物业项目部经理

……

办公室设在保安部，华××任办公室主任。

（二）消防安全委员会例会制度

1. 公司建立消防安全委员会例会制度，每季度召开一次消防安全专题工作会议，一般为季度第一个月的上旬召开，也可根据需要随时召开。

2. 会议主要是听取各部门及下属单位消防安全工作情况汇报，对涉及重大消防安全问题进行研究，分析部署督促检查消防安全工作。

3. 会议应当作出决定并形成纪要，会议确定的各项消防措施必须严格实施。

4. 会议由委员会主任负责召集，也可以委托副主任召集，由委员会办公室提出会议议题并做好会议记录，负责各项消防安全措施的督促落实。

（三）物业服务分公司或项目部消防安全管理组织

各物业服务分公司或项目部也要明确消防安全责任人、管理人和专兼职消防管理人员，并在物业办公场所或消防控制室上墙公开。

××小区物业项目部消防安全责任分工

消防安全责任人：钱×× 经理

消防安全管理人：田×× 副经理

消防工作归口管理部门：工程部

专兼职消防人员：王××（工程部经理）

消防巡查人员：任××、相××

消防控制室值班操作人员：李××、顾××、孙××、焦××、周××、吴××

志愿消防队成员：钱××、田××、王××、任××、相××、李××、顾××、孙××、焦××、周××、吴××、葛××、惠××

××小区物业项目部消防安全领导小组

组 长：钱×× 经理

副组长：田×× 副经理

成 员：王×× 工程部经理

任×× 消防巡查班长

李×× 消防值班班长

孙×× 消防值班班长

周×× 消防值班班长

二、消防安全职责（示例）

1. 消防安全责任人

物业服务企业的主要负责人是本单位的消防安全责任人，应当履行下列消防安全职责：

（1）贯彻执行消防法规，保障单位和管理区域消防安全符合规定，掌握本单位和管理区域的消防安全情况；

（2）将消防工作与本单位的生产、科研、经营、管理等活动统筹安排，批准实施年度消防工作计划；与所属单位和部门签订年度消防安全责任书；

（3）为本单位和管理区域的消防安全提供必要的经费和组织保障；

（4）确定逐级消防安全责任，批准实施消防安全制度和保障消防安全的操作规程；

（5）组织防火巡查、防火检查，督促落实火灾隐患整改，及时处理涉及消防安全的重大问题；

（6）根据消防法规的规定建立专职消防队、志愿消防队、微型消防站；

（7）组织制定符合本单位和管理区域实际的灭火和应急疏散预案，并实施演练；

（8）配合公安派出所、居（村）民委员会开展消防安全工作，落实物业服务合同中约定的消防安全防范服务事项；

（9）确定单位分管消防安全的分管负责人，明确具体负责消防安全工作的归口管理部门和专兼职管理消防安全管理人员；

（10）定期组织召开消防安全工作例会，研究本单位消防工作，处理涉及消防经费投入、消防设施设备购置、火灾隐患整改等重大问题；

（11）积极应用消防远程监控、电气火灾监测、物联网技术等技防、物防措施；

（12）消防法律、法规、规章以及政策文件规定的其他职责。

2. 消防安全管理人

物业服务企业根据需要确定本单位的消防安全管理人；未确定消防安全管理人的单位，以下职责由消防安全责任人负责实施。消防安全管理人对单位的消防安全责任人负责，实施和组织落实下列消防安全管理工作：

（1）拟订年度消防工作计划，组织实施日常消防安全管理工作；

（2）组织制定消防安全制度和保障消防安全的操作规程并检查督促其落实；

（3）拟订消防安全工作的资金投入和组织保障方案；

（4）组织实施防火巡查、防火检查和火灾隐患整改工作；

（5）组织实施对本单位和管理区域消防设施、灭火器材和消防安全标志的维护保养，确保其完好有效，确保疏散通道和安全出口畅通，保障消防车作业场地不被占用；

（6）组织管理专职消防队、志愿消防队、微型消防站；

（7）在员工中和管理区域的业主、物业使用人组织开展消防知识、技能的宣传教育和培训，组织灭火和应急疏散预案的实施和演练；

（8）配合公安派出所、居（村）民委员会开展消防安全工作，落实物业服务合同中约定的消防安全防范服务事项；

（9）组织落实消防控制室管理制度，发现火灾及时报警，积极组织扑救，并保护火灾现场，协助火灾事故调查；

（10）消防安全管理人应当定期向消防安全责任人报告消防安全情况，及时报告涉及消防安全的重大问题；

（11）参与组织召开消防安全工作例会，提出研究本单位消防工作议题，对涉及消防经费投入、消防设施设备购置、火灾隐患整改等重大问题提出意见和建议；

（12）积极实施消防远程监控、电气火灾监测、物联网技术等技防、物防措施；

（13）单位消防安全责任人委托的其他消防安全管理工作。

3. 消防工作归口管理部门职责

（1）起草制定消防安全制度和保障消防安全的操作规程并负责监督检查落实。

（2）在消防安全责任人、管理人的领导下实施防火检查、每日防火巡查，并督促落实火灾隐患整改工作。

（3）拟订消防安全工作的经费投入和组织保障方案。

（4）组织对单位及物业管理区域内消防设施、灭火器材及消防安全标志的维护保养工作，定期组织检查消防设施器材在位和完好情况，及时提出消防设施器材配备、维修、更新意见。

（5）负责对专兼职消防安全管理人员、志愿消防队、微型消防站的组织管理训练工作。

（6）组织实施对员工的消防知识及技能的宣传教育、培训工作，组织灭火和应急疏散预案的实施和演练。

（7）负责组织建立健全保管消防档案。

（8）按照规定办理动火作业、增设电气线路和设备的审批、监督动火部门或人员的消防安全防范措施的落实，严格执行消防安全重点部位的动火管理制度。

（9）督促各部门建立健全各岗位的消防安全责任制。

（10）负责消防安全会议文件的起草、会议记录及各项决议的落实情况并进行检查。

（11）负责消防控制室值班人员的配备，日常管理工作。

（12）完成消防安全责任人、管理人交办的其他事项。

4. 专兼职消防管理人员

（1）在保卫部门的领导下工作，负责督促各项消防安全措施的落实，进行防火检查、防火巡查并做好记录。

（2）按照规定每日进行定时、定点防火巡查，及时发现火灾隐患处理火警，能立即整改的，督促立即整改；不能当场整改的，及时报告保卫部负责人协调解决。紧急情况下可以责令有关部位停止使用以防止发生危险，直到火灾隐患消除。

（3）发现火灾立即向消防控制室和119消防指挥中心报警，组织引导有关人员疏散、利用灭火器材扑救初起火灾，做好火灾现场的保护工作。

（4）消防控制室值班操作人员要严格落实消防控制室值班制度，及时处理各类报警信号，定期对消防设施进行功能测试，保证消防设施时刻处于完好状态。

（5）参与拟订消防工作计划、消防安全措施，为本单位领导当好参谋和助手，及时提出合理化建议。

（6）认真学习消防安全管理知识、消防业务技能，会宣传消防知识和报火警，会使用灭火器材，会发现、消除火灾隐患，会扑救初起火灾。

（7）负责对管理区域范围内的动火作业实施监护。

（8）完成其他工作任务。

5. 志愿消防队员

（1）认真学习消防法律法规和安全管理知识、消防业务技能，做到会宣传消防知识和报火警；会使用灭火器材；会发现、消除火灾隐患；会扑救初起火灾。

（2）认真开展消防宣传活动，普及消防知识，自觉落实各项消防安全制度。

（3）针对本岗位的消防安全管理特点，及时提出改进消防安全管理措施的意见和建议。

（4）积极参加消防安全知识培训和业务技能训练，不断提高业务素质和灭火作战能力。

（5）针对重点部位制定灭火疏散预案并进行演练，熟悉自己的位置和分工；一旦发现灾情，立即按照预案分工投入疏散人员、物资，扑灭初起火灾战斗。

（6）及时发现和制止不安全因素和行为，保证自己岗位和职责范围内无消防违章行为和火灾隐患。

（7）完成其他工作任务。

6. 消防巡查人员职责

（1）巡查人员按照规定的时间、内容、部位和频次进行巡查，每天白天和夜间分别不少于1次。

（2）巡查人员应当及时纠正违章行为，妥善处置火灾危险，无法当场处置的，应当立即报告。

（3）发现初起火灾应当立即报警并及时扑救，组织人员疏散。

（4）巡查应当填写巡查记录，巡查人员及其主管人员应当在巡查记录上签名。

（5）巡查人员要认真学习业务知识和技能，不断提高业务水平和能力。

（6）完成其他工作任务。

7. 消防控制室值班操作人员

（1）消防控制室值班操作员必须按照国家规定持证上岗，认真学习业务知识，熟练掌握设施操作、维护保养技能。

（2）消防控制室值班员必须熟练掌握火警处置程序，掌握各类设施操作方法。

（3）消防控制室值班员必须坚守岗位，做到24小时不间断值班，如实记录消防设施运行情况。

（4）消防控制室值班员接到火警信号后，必须按规定程序进行操作，向专业消防队报警，并向本单位有关人员报告。

（5）消防控制室值班人员应定期测试、维护消防设施，做好记录，如有损坏，立即向有关人员报告进行维修。

（6）消防控制室值班员应严格遵守《消防控制室管理制度》。

（7）完成其他工作任务。

8. 电工

（1）电工必须持证上岗，学习业务知识，掌握新知识、新技能。

（2）负责电气设备、线路的安装，作业时必须严格执行消防安全有关规定，遵守电器安全操作规程。

（3）电器设备的安全防护装置必须按规定配置、使用和更换。

（4）新增用电线路和设备安装前必须经消防管理部门同意后方可安装。

（5）负责对单位及物业管理范围内电器设备和电气线路的检查、维护，确保性能完好；发现存在不安全因素的，要立即按照规定上报、联系电力供应单位维修，或自行维修；紧急情况下可以先行处理。

（6）完成其他工作任务。

9. 员工

（1）每名员工都有维护单位消防安全、保护消防设施、预防火灾、报告火警的义务。

（2）每名员工都要认真贯彻落实单位的消防安全规章制度和消防安全操作规程，发现火灾隐患都有义务向有关部门反映，积极配合单位整改火灾隐患。

（3）每名员工都要认真学习消防法律法规和防火灭火知识、技能，积极参加单位组织的消防安全教育和培训，积极参加志愿消防队组织的各项活动。

（4）每名员工都要熟悉所在场所的消防安全设施位置、疏散通道和安全出口，一旦发生火灾事故，在立即报警的同时要组织、引导在场群众疏散。

（5）每名员工都要保障消防通道和安全出口畅通，杜绝违反消防法律法规的行为。

（6）每名员工都要熟练掌握消防安全四个能力（检查消除火灾隐患的能力；组织扑救初起火灾的能力；组织人员疏散逃生的能力；消防宣传教育培训的能力）内容，并熟练灵活运用。

三、消防安全管理制度（示例）

根据公安部《机关、团体、企业、事业单位消防安全管理规定》，单位应当按照国家有关规定，结合本单位的特点，建立健全各项消防安全制度和保障消防安全的操作规程，并公布执行。

1. 消防安全教育、培训制度

（1）所有员工每半年进行一次消防安全培训并进行考试，培训时间为每年的六月份和十一月份，培训的内容主要有：消防法律法规、单位消防安全管理制度和保障消防安全的操作规程；本单位、本岗位的火灾危险性和防火措施；单位配备消防设施的性能、灭火器材的使用方法；报火警、扑救初起火灾以及自救逃生的知识和技能；组织、引导顾客疏散的知识和技能。

（2）宣传教育培训的形式采取单位与部门、集中与分散、定期与不定期相结合的方式进行。

（3）消防安全责任人、消防安全管理人按照规定参加公安机关消防机构组织的消防安全培训，自动消防设施操作人员、消防设施检测维护人员、消防控制室值班人员等按照国家有关规定取得消防行业特有工种职业资格证并持证上岗。

（4）新招入人员上岗和进入新岗位的员工进行上岗前的消防安全培训，培训内容与年度培训内容相同，并经考试合格方可上岗。

（5）建立消防安全培训档案，培训时间、内容、参加人员、考试成绩记录存档备查。

（6）培训由人事部与保安部共同负责，人事部负责制订消防安全培训计划，保安部负责培训内容、授课和技能训练。

（7）消防安全培训考试成绩纳入员工绩效考核。

（8）各分公司、项目部每年组织业主、物业使用人员至少进行一次以消防设施、器材使用、灭火和安全疏散为重点的消防宣传和演练活动。

2. 防火检查制度

（1）各分公司、项目部实行定期防火检查制度，每月第一周进行防火检查，法定假日前应当适时组织防火检查。

（2）公司每季度对各分公司、项目部进行一次防火检查。由消防安全委员会主任或副主任组织实施。

（3）各分公司、项目部防火检查由消防工作领导小组组长组织、副组长及成员参加，邀请业主委会员代表及各楼楼长参加。

（4）防火检查应当填写检查记录，检查人员和被检查部门负责人应当在检查记录上签名。

（5）检查发现的火灾隐患属于物业服务范围的按照职责分工落实整改责任；属于业主和物业使用人的通知业主和物业使用人或者业主委员会整改；属于供水、供电、通信、有线电视等单位的通知相关单位整改；对于涉及城市规划布局而不能自身解决的重大火灾隐患按照有关规定报告有关主管部门或者当地人民政府。

（6）属于物业服务范围内火灾隐患要在规定的期限内整改，整改完毕后报公司保安部门备案，由保安部门安排人员进行复查。

3. 每日防火巡查制度

（1）每日防火巡查各分公司、项目部确定的人员组织实施，每日白天、夜间分别不少于一次进行巡查，消防水泵房、防烟排烟机房、消防车通道、疏散楼梯及安全出口、车库、自动灭火系统等部位每日至少巡查一遍。

（2）防火巡查应当填写巡查记录，巡查人员及其主管人员应当在巡查记录上签名。

（3）防火巡查人员应当及时纠正违章行为，妥善处置火灾危险，无法当场处置的，应当立即报告。

（4）发现初起火灾应当立即报警并及时扑救、疏散人员。

（5）进行防火巡查时应佩戴统一制作的上岗证。

4. 安全疏散设施管理制度

（1）必须保持消防通道、疏散楼梯、安全出口畅通，严禁以任何理由堵塞、占用消防通道，锁闭安全出口。

（2）严禁在安全出口或者疏散通道上安装栅栏等影响疏散的障碍物。

（3）严禁遮挡、覆盖消防安全疏散指示标志。

（4）安全推闩式外开门、门禁系统应当在停电时自动处于开启状态。

（5）确保消防过滤式自救呼吸器、空气呼吸器、逃生缓降器处于有效期内且完好有效。

5. 消防（控制室）值班制度

（1）消防控制室配备专人24小时值班，每班不少于2人。

（2）消防控制室值班人员按照国家有关规定取得消防行业特有工种职业资格证并持证上岗。

（3）消防控制室严禁吸烟和使用明火作业，严禁存放危险化学物品和无关的杂物，严禁无关人员进入。

（4）值班时间必须坚守岗位，不准聊天、打私人电话，不准在控制室内会客，严禁脱岗、睡岗和酒后上岗。

（5）控制室内设置显示重点部位、疏散通道及消防设备所在位置的平面图或模拟图和火灾发生后消防设施的操作规程。

（6）认真落实交接班、消防设备检测、发生火灾信号处理、灭火操作设备检查等记录制度，严密监视设备运行状况，遇有重大情况要及时报告。

（7）严禁擅自关闭火灾自动报警、灭火系统，切断消防电源。

6. 消防设施器材维护管理制度

（1）消防设施器材维护实行定期维护保养制度，维修不及时或管理不当将追究有关负责人的责任。

（2）消防设施器材日常管理实行属地管理，各分公司、项目部对本辖区内的消防设施器材的完好有效情况负责，并确定专人具体负责。

（3）设有自动消防设施的，要与具有消防设施维护保养检测资质的单位签订自动消防设施维护保养合同，明确维护保养责任，保证自动消防设施的正常运行。

（4）共用消防设施每年至少进行一次全面检测，确保完好有效。检测记录应当完整准确，存在备查。

（5）火灾自动报警系统探测器投入使用2年后进行清洗，以后每3年清洗一次。

（6）每月至少对灭火器配置外观进行一次检查。凡使用过和失效不能使用的灭火器，必须委托有资质维修单位进行检查，更换已损件和重新充装灭火剂和驱动气体。超过使用期限的灭火器予以强制报废，重新选配新灭火器。建立灭火器档案资料，记明配置类型、数量、设置位置、检查维修单位（人员）、更换药剂的时间等有关情况。

（7）不准随便动用火灾区域报警器、手动报警按钮、消防插孔电话、自动喷水灭火系统报警阀、防火卷帘手动开关等，发现损坏要及时报告维修。

7. 火灾隐患整改制度

（1）防火检查、防火巡查、员工在工作中发现的火灾隐患要按照火灾隐患整改措施和性质确定专门的部门和人员及时予以整改。

（2）能够立即整改的火灾隐患，由火灾隐患发现部门或人员责成有关人员当场改正并督促落实，记录并存档备查。

（3）不能立即整改的火灾隐患根据火灾隐患整改措施、性质及分工，将火灾隐患情况、整改措施和建议向消防安全管理人或消防安全责任人书面报告，确定整改的措施、期限，落实整改资金，确定负责整改的部门、人员进行整改，具体内容见表4－1。

（4）对随时可能引发火灾或者一旦发生火灾将严重危及人身安全的火灾隐患，将危险部位停止使用或采取消除火灾隐患的措施，并落实整改期间的安全防范工作。

（5）火灾隐患整改完毕，负责整改的部门或者人员应当将整改情况记录报送消防安全责任人或者消防安全管理人签字确认后存档备查。

（6）对于涉及城市规划布局而不能自身解决的火灾隐患或无能力解决的重大火灾隐患，提出解决方案，视情报告有关部门或者当地人民政府。

（7）对公安消防部门检查发现的火灾隐患，要按照规定确定火灾隐患整改责任人负责整改，并在整改期限内向公安消防部门报送火灾隐患整改情况报告。

（8）对街道办事处、居委会检查发现的火灾隐患，要按照规定确定火灾隐患整改责任人负责整改，及时向检查单位报送火灾隐患整改情况报告。

表4－1　火灾隐患整改报告书

＿＿＿＿＿＿＿＿＿： 依照《中华人民共和国消防法》和《机关、团体、企业、事业单位消防安全管理规定》，我单位存在以下火灾隐患并提出整改方案：	
火灾隐患情况	
整改方案	

（续表）

依据《机关、团体、企业、事业单位消防安全管理规定》第 33 条的规定，建议尽快确定整改措施，期限，负责整改的部门、人员，并落实整改资金。	
领导批示	
整改情况	
复查情况	

8. 用火、用电安全管理制度

（1）单位对用火、用电实行严格的消防安全管理，因特殊情况需要进行电气焊等明火作业的，动火部门和人员应当办理审批手续。具体内容见表 4－2。

（2）动火作业必须落实现场监护人、监护器材，清除动火周围和下面的可燃物，无法清除的要使用铁板、灭火毯等不燃材料进行隔离，确认无火灾、爆炸危险后方可动火施工。

（3）电焊、气焊等动火施工人员应当持证上岗，遵守消防安全规定，并落实相应的消防安全措施。

（4）动火作业结束后，动火人员和监护人员必须及时清除可能遗留的火种，分别于动火作业结束后 0.5 小时、1 小时、3 小时内安排专人进行检查，确保安全。

（5）安装和维修电气设备线路，必须由电工按规范施工，接电时要向用电管理部门申请，并报经保安部门同意，经审核批准后由电工负责施工。

（6）所有电器设备的选型和安装，线路的敷设和改造以及材料的选用必须符合国家标准，由电工安装，严禁乱拉乱扯电气线路。

（7）用电设备的操作人员，必须严格遵守安全操作规程，工作时不准擅离岗位，并对设备定期检查，发现问题，及时报告电工修理，工作结束后必须切断电源，做到人走电断。

（8）电工对物业管理区域内的电气设备和线路应经常检查维修，每年至少进行两次绝缘测试，发现短路和绝缘不良，应及时进行维修。

（9）严禁在用电设备附近堆放易燃可燃物品。

（10）电气设备发生火灾时要首先切断电源，然后组织扑救。

表 4－2　动火用电审批表

申请单位（部位）			
申请事项	□动火	□增设电气线路和设备	
施工作业时间			
施工作业单位			
施工作业人员		资格证号	
监护人			
安全防护措施			
申请部门意见		保卫部门意见	
消防安全责任人或管理人意见			

9．易燃易爆危险物品和场所防火防爆管理制度

（1）燃气管线周围开挖施工必须事先与燃气管线产权单位联系。

（2）禁止在燃气管线周围动用明火、燃放烟花爆竹、利用燃气管线作电气设施接地、在燃气管线上搭挂物品。

（3）定期联系燃气供应单位对管线及户内燃气设施进行检查、维护。

（4）禁止在下水道、化粪池井盖附近动用明火、燃放烟花爆竹。

10．志愿消防队的组织管理制度

（1）建立由员工组成的志愿消防队，接受公安消防部门的业务指导，志愿消防队由消防安全管理人负责管理。

（2）志愿消防队员每月应当至少开展一次灭火、救生技能训练，每半年开展一次灭火疏散演练。

（3）志愿消防队员要服从统一调度、指挥，根据分工各司其职、各负其责。

（4）根据人员的变化情况每半年对志愿消防队员进行一次调整、补充。

（5）志愿消防队员要熟悉防火、灭火知识、消防器材的性能及适用的范围；消防设施、器材的操作及使用方法；火灾扑救、组织人员疏散及逃生方法；火灾现场的保护等。

（6）发现初起火灾时，及时报警、利用灭火器材扑救初起火灾、抢救生命、疏散物资、维护秩序、保护火灾现场。当公安消防队等专业消防队到达现场时，要迅速准确地提供情况，在火场总指挥的指挥下，紧密配合公安消防队等专业消防队，协同作战。

（7）指导业主委员会组织成立志愿消防队，并对业主志愿消防队员进行业务培训和指导。

11. 灭火和应急疏散预案演练制度

（1）按照灭火和应急疏散预案每半年进行一次演练，结合演练实际情况，不断完善预案。

（2）演练时设置明显标识并事先告知演练范围内的人员，确保安全。

（3）演练前与业主委员会共同制订演练计划，分工负责，确定参加演练部门、演练人员、演练时间及注意事项。

（4）演练前提前组织参加演练人员学习演练预案，落实人员分工和注意事项。

（5）参加演练的人员必须按照演练预案的要求，在规定的时间内到达指定的位置。

（6）演练结束，要对演练进行讲评，总结经验、发现不足，并指定人员对预案进行完善。

12. 电气设备的检查和管理制度

（1）电气设施实行统一安装、定期检查制度，电气设施的检查由电工负责实施。

（2）每年在雷雨季节前对建筑物防雷设施、电气接地装置进行防雷接地检测。

（3）每年对管理区域范围内的电气设施进行检测，及时发现和消除电气安全隐患。

（4）电气设施日常运行过程中发生的故障，管理使用人要立即报告，严禁带故障运行和私自修理。

13. 消防安全工作考评和奖惩制度

（1）有下列情形之一的根据实际情况给予精神、物质奖励或绩效考核加分激励，视情给予 100～1000 元奖励：

①认真履行消防安全岗位职责，严格落实消防安全制度，消防工作做出突出成

绩的；

②及时制止不安全行为，避免发生火灾的；

③发现火灾及时报警和扑灭初起火灾，经确认避免了有较大影响的火灾事故的；

④在火灾扑救过程中判断正确、处置果断、扑救事迹突出的；

⑤积极参加消防培训教育，在消防技能、业务理论比赛中取得优异成绩的；

⑥获得政府或部门消防安全表彰的；

⑦在消防工作中有其他优异成绩和突出表现的。

（2）有下列情形之一的，给予相应的经济处理，并在绩效考核时减分，视情给予100~500元罚款，并予以通报批评；情节严重的，予以待岗或解除劳动合同，并负责赔偿经济损失；或由公安消防部门实施行政处罚；构成犯罪的，交有关部门追究刑事责任。

①职工消防安全教育培训、志愿消防队活动制度未落实、未按规定记录的；

②未签发动火作业证擅自动火或动火未落实消防监护人、安全措施，尚未造成较大损失的；

③接到火灾隐患整改通知不及时整改火灾隐患的；

④消火栓、消防水带、水枪、接口损坏丢失或丢失后隐瞒不报的；

⑤非火灾情况下，未经申报审批，擅自将消防设施器材挪作他用的；

⑥消防设施器材使用后不及时上报更换或隐瞒不报、未及时恢复备用，尚未造成较大损失的；

⑦消火栓、灭火器材（箱）周围堆放杂物或未经同意变更位置的；

⑧消防设施器材未落实岗位定期维护保养，或消防设施、灭火器材（箱）卫生不洁的；

⑨未经批准，擅自改动、拆除、停用消防设施，或故意破坏消防设施器材，未造成损失的；

⑩私接乱拉电源或擅自使用大功率电器设备的；

⑪防火检查、巡查不认真，未及时发现火灾隐患被公安消防部门责令整改的；

⑫防火检查、巡查不认真，未及时发现火灾隐患导致火灾发生的；

⑬堵塞、占用消防安全疏散通道，在通道上摆放物品的；

⑭不会使用灭火器材扑救初起火灾、不会引导人员疏散、不会报火警的；

⑮无故不参加消防培训、消防演练的；

⑯消防值班、防火检查、巡查人员不如实记录值班和火灾隐患情况的；

⑰其他违反消防安全管理的行为。

（3）以上奖惩措施由各分公司、项目部负责提出处理意见，保安部门会同人事部门联合办理，报经消防安全管理人、消防安全责任人审批，并将处理结果通报有关部门。具体内容见表4-3。

表 4 – 3　违反消防安全管理处理决定书

<table>
<tr><td>
违反消防安全管理处理决定书
第　　号

当事人姓名性别年龄：________________
所属部门：________________
违反消防安全管理的行为：________________
____
____

根据《机关、团体、企业、事业单位消防安全管理办法》第 45 条和单位《消防安全工作考评和奖惩制度》规定，决定给予________的处理。

承办部门　　　　承办人
审核人　　　　批准人

年　　月　　日
</td></tr>
</table>

第四节　公共物业设施的管理

物业服务企业承接住宅物业时，应对移交的房屋及共用消防设施和相关场地进行查验，并对相关资料进行核对接收，建立消防档案。物业服务合同终止时，物业服务企业应将相关资料和消防档案移交给业主委员会。住宅物业区域内消防车道、疏散通道、消防设施等发生改变时，物业服务企业应及时更换标识、标志，在物业管理区域内显著位置公告改变情况，并依法办理相关手续。

一、住宅设置的商业服务网点

商业服务网点是住宅物业管理过程中最常见的商业建筑，是一种小型的商业建筑。设置在住宅建筑的首层或首层及二层，每个分隔单元建筑面积不大于 $300m^2$ 的商店、邮政所、储蓄所、理发店等小型营业性用房。设置商业服务网点的住宅建筑，其居住部分与商业服务网点之间采用耐火极限不低于 2 小时且无门、窗、洞口的防火隔墙相互分隔，当每个分隔单元任一层建筑面积大于 $200m^2$ 时，该层应设置两个安全出口或疏散门。

禁止将商业服务网点间的隔墙打通形成大于 $300m^2$ 空间使用，禁止在商业服务网点内搭设楼板增加层数。禁止以任何形式将商业服务网点与住宅部分相连通。商业服务网点除用作商店、邮政所、储蓄所、理发店外，还可用作百货店、副食店、粮店、邮政所、储蓄所、理发店、洗衣店、药店、洗车店等，除此之外不应设置其他用途，禁止存放、经营易燃易爆危险化学品。商业服务网点使用燃气应当使用管道燃气供应并设置可燃气体泄漏报警、自动切断气源供应等安全设施。每层配置2具灭火器、应急照明灯不少于1具。场所内吊顶、墙面的装修采用不燃或难燃材料。用火、用电管理规范，无私拉乱接电线和使用大功率电器的现象。留宿人员不超过2人，且住宿与经营部分之间采取防火分隔措施，设置火灾报警装置。

二、竖向管井消防安全管理

电梯井、电缆井、管道井、排烟道等竖井贯穿各层楼板，形成竖向连通孔洞，烟囱效应会导致烟气迅速扩散，导致火势蔓延扩大。电梯井内严禁敷设可燃气体和甲、乙、丙类液体管道，不应敷设与电梯无关的电缆、电线，井壁除开设的电梯门、安全逃生门和通气孔洞外不应开设其他洞口。如有维护、维修、更换电梯及配件造成电梯井有孔洞的必须恢复原状。电缆井、管道井井壁的防火门要保持完好有效并常闭；井内不得增加任何可燃物，特别是物业保洁工具、纸壳、塑料瓶等杂物；电缆井、管道井与房间、吊顶、走道等相连通的孔洞应当用不燃材料或者防火封堵材料严密填实；电缆井、管道井每层在楼板处用相当于楼板耐火极限的不燃材料或防火材料封堵，特别是更换、维修管道、电缆电线等要督促施工单位按照原设计标准封堵。防烟、排烟、供暖、通风、空气调节系统中的管道及建筑内的其他管道，在穿越防火隔墙、楼板、防火分区及隔墙处的孔隙时应采用不燃材料或防火封堵材料严密封堵，维修或更换破坏原封堵材料时要及时恢复原状。

三、住宅外墙保温材料的维护管理

住宅物业进行外立面装修、装饰、节能改造时，施工现场应符合消防安全要求，建筑材料的防火性能应符合国家标准和行业标准，禁止采用易燃材料。外墙保温防护层破损开裂、脱落，未将保温材料完全包覆的，要及时修缮。对于安装空调对外墙及保温材料进行打孔的，要使用不燃材料对孔洞四周的保温材料进行严密封堵，厚度不小于15mm。在建筑明显位置设置警示提示标志（见图4－1），严禁在建筑外墙违规进行电焊、气焊等明火作业，禁止在建筑周围堆放可燃物，禁止在采用可燃保温材料的建筑60m范围内燃放烟花爆竹；汽车、电动车停放与建筑外墙保持5m以上的安全距离，防止车辆火灾引燃建筑物。

图4－1　警示提示标志

四、消防车通道管理

消防车通道畅通是保障消防救援顺利进行的基础，保障消防车通道畅通也是每个单位和公民的消防安全义务。住宅区消防车通道净宽度和净空高度均不应小于4.0m，净空高度不宜小于4.5m，车道与建筑之间不应设置妨碍消防车操作的树木、架空管线等障碍物；小区消防车通道、高层住宅消防车登高操作场地要设置明显的界限标识（见图4－2），划定的停车区域不应当影响人员疏散、消防车通行及登高作业。消防车道的路面、消防车登高操作场地、消防车道和消防车登高操作场地下面的管道和暗沟等，应能承受重型消防车的压力。对于妨碍消防车操作的树木应当及时进行修剪，对于设置的隐形消防车道要设置明显标识，草坪、灌木要定期修剪，高度不得影响消防车通行。住宅小区不得设置影响消防车通行的固定隔离墩、限高杆。住宅小区应设置移车工具，及时移走影响通行的乱停乱放车辆。设置控制车辆出入的装置时必须保障消防车通道的宽度和高度，不能保障的要进行改造(见图4－3)。

图4－2　消防车通道标识

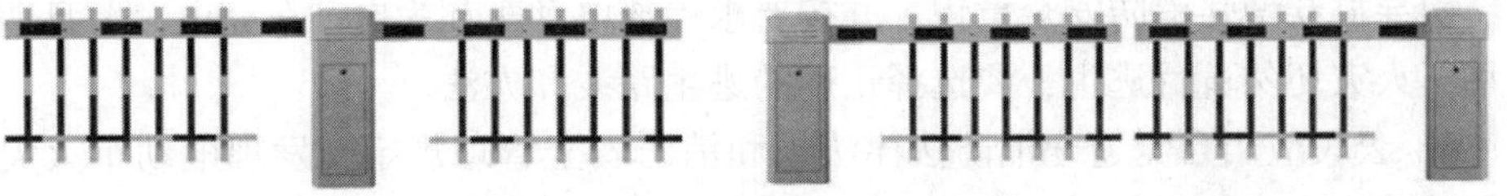

图4－3　控制车辆出入装置设置

《中华人民共和国消防法》第60条规定：“个人占用、堵塞、封闭消防车通道，妨碍消防车通行的，处警告或者五百元以下罚款。”物业服务企业要在消防通道处设立消防警示标识，巡逻时发现有乱停乱放行为的，要做好劝导阻止工作。如《山东省消防条例》第36条规定：“物业服务企业或者实行自治管理的业主委员会规划、设置停车位时，不得占用消防车通道，并应当在住宅区的消防车通道设置禁止占用的明显标识。对占用消防车通道的，物业服务企业或者业主委员会应当通知占用人纠正；拒不纠正的，立即报告当地公安派出所。”第72条规定：“在居民住宅区内占用消防车通道的责令改正；拒不改正的，对直接责任人员处一百元以上五百元以下罚款。”

五、电动自行车充电管理

为预防电动车引发火灾，保护人身财产安全，维护公共安全，根据《中华人民共和国消防法》等法律法规，公安部就加强电动车停放、充电火灾防范工作专门下发了通告。通告所称的电动车包括电动自行车、电动摩托车和电动三轮车。

1．落实停放充电管理责任。对于有物业服务企业或者主管单位的住宅小区、楼院，物业服务企业、主管单位应当依据《物业管理条例》等有关规定，对管理区域内电动车停放、充电实施消防安全管理；对于没有物业服务企业或者主管单位的，辖区乡镇人民政府、街道办事处应当按照《中华人民共和国消防法》和国务院办公厅印发的《消防安全责任制实施办法》等规范性文件，指导帮助村民委员会、居民委员会确定电动车停放、充电消防安全管理人员，落实管理责任。

2．规范电动车停放充电行为。公民应当将电动车停放在安全地点，充电时应当确保安全。严禁在建筑内的共用走道、楼梯间、安全出口处等公共区域停放电动车或者为电动车充电。公民应尽量不在个人住房内停放电动车或为电动车充电；确需停放和充电的，应当落实隔离、监护等防范措施，防止发生火灾。

3．严厉查处违规停放充电行为。物业服务企业、主管单位和村民委员会、居民委员会，应当立即组织对住宅小区、楼院开展电动车停放和充电专项检查，及时消除隐患。对检查发现电动车违规停放、充电的，应当制止并组织清理；对拒不清理的，要向公安机关消防机构或者公安派出所报告。

4．加强消防安全宣传教育。物业服务企业、主管单位和村民委员会、居民委员会，应当加强电动车停放充电引发火灾的防范常识宣传和典型火灾案例警示教育，引导群众增强消防安全意识，并按要求停放电动车和为电动车充电。一旦遇到电动车火灾切勿盲目逃生，要选择正确的逃生路线和方法。

5. 公民应当自觉遵守消防法律法规和消防安全管理规定，发现电动车火灾隐患和消防安全违法行为时，要及时拨打“96119”举报电话或者通过有效途径，向公安机关举报。

6. 电动自行车充电、停放区域设置在室外时，应独立设置，当与居住建筑相邻时，相邻一侧居住建筑外墙上不得开设门窗洞口；设置在室内时，应设置在首层，与其他区域（包括门厅、走道、楼梯间等）应采用不开设门、窗、洞口的实体墙（应砌筑至楼板底部）进行防火分隔；设置在地下室时，应与地上部分采用实体墙、水泥楼板进行防火分隔，疏散出口应直通室外。电动车集中停放及充电场所设置具备定时充电、自动断电、故障报警等功能的智能充电控制设施；推广安装电气火灾监控和可视监测系统，并加强日常巡查值守；电气线路和设备应由取得相应资格的电工安装，周围不应有可燃物。

六、易燃易爆危险化学品管理

生产、储存、经营易燃易爆危险品的场所不应设置在住宅物业管理区域内。物业服务企业、业主、物业使用人应当在规定的区域、路段和规定的时间内安全燃放烟花爆竹。地下建筑禁止存放、使用液化石油气。对于使用明火、易燃易爆危险化学品等施工的，督促施工单位落实消防安全措施，使用的材料随到随用，不在施工现场及住宅区域内存放。

第五节　住宅物业管理消防法律责任

物业服务企业发现业主、物业使用人有违反消防法律法规和临时管理规约、管理规约等妨害公共消防安全行为的，应当及时进行劝阻、制止并告知整改；对情节严重或逾期不整改的，应当及时向业主委员会、居民委员会或公安派出所报告，业主委员会、居民委员会可视情在物业管理区域内显著位置公告，或者由公安消防部门依法予以处罚。

物业服务企业未正确履行消防安全职责或不到位的，依法承担消防安全责任。给业主或物业使用人造成损失的，依法承担民事责任。其中可能涉及的消防安全法律责任有：

《中华人民共和国消防法》第60条：单位违反本法规定，有下列行为之一的，责令改正，处五千元以上五万元以下罚款：（一）消防设施、器材或者消防安全标志的配置、设置不符合国家标准、行业标准，或者未保持完好有效的；（二）损坏、挪用或者擅自拆除、停用消防设施、器材的；（三）占用、堵塞、封闭疏散通道、安全出口或者有其他妨碍安全疏散行为的；（四）埋压、圈占、遮挡消火栓或者占用防火间距的；（五）占用、堵塞、封闭消防车通道，妨碍消防车通行的；（六）人员密集场所在门窗上设置影响逃生和灭火救援的障碍物的；（七）对火灾隐患经公安机关消防机构通知后不及时采取措施消除的。个人有前款第二项、第三项、第四项、第五项行为之一的，处警告或者五百元以下罚款。有本条第一款第三项、第四项、第五项、第六项行为，经责令改正拒不改正的，强制执行，所需费用由违法行为人承担。

《中华人民共和国消防法》第 61 条：生产、储存、经营易燃易爆危险品的场所与居住场所设置在同一建筑物内，或者未与居住场所保持安全距离的，责令停产停业，并处五千元以上五万元以下罚款。生产、储存、经营其他物品的场所与居住场所设置在同一建筑物内，不符合消防技术标准的，依照前款规定处罚。

《中华人民共和国消防法》第 62 条：有下列行为之一的，依照《中华人民共和国治安管理处罚法》的规定处罚：（一）违反有关消防技术标准和管理规定生产、储存、运输、销售、使用、销毁易燃易爆危险品的；（二）非法携带易燃易爆危险品进入公共场所或者乘坐公共交通工具的；（三）谎报火警的；（四）阻碍消防车、消防艇执行任务的；（五）阻碍公安机关消防机构的工作人员依法执行职务的。

《中华人民共和国消防法》第 63 条：违反本法规定，有下列行为之一的，处警告或者五百元以下罚款；情节严重的，处五日以下拘留：（一）违反消防安全规定进入生产、储存易燃易爆危险品场所的；（二）违反规定使用明火作业或者在具有火灾、爆炸危险的场所吸烟、使用明火的。

《中华人民共和国消防法》第 64 条：违反本法规定，有下列行为之一，尚不构成犯罪的，处十日以上十五日以下拘留，可以并处五百元以下罚款；情节较轻的，处警告或者五百元以下罚款：（一）指使或者强令他人违反消防安全规定，冒险作业的；（二）过失引起火灾的；（三）在火灾发生后阻拦报警，或者负有报告职责的人员不及时报警的；（四）扰乱火灾现场秩序，或者拒不执行火灾现场指挥员指挥，影响灭火救援的；（五）故意破坏或者伪造火灾现场的；（六）擅自拆封或者使用被公安机关消防机构查封的场所、部位的。

《中华人民共和国消防法》第 66 条：电器产品、燃气用具的安装、使用及其线路、管路的设计、敷设、维护保养、检测不符合消防技术标准和管理规定的，责令限期改正；逾期不改正的，责令停止使用，可以并处一千元以上五千元以下罚款。

【警示案例 1】2015 年 6 月 25 日 2 时 45 分许，郑州市金水区西关虎屯新区 4 号楼 2 单元 1 层楼梯间发生火灾，造成 15 人死亡、2 人受伤，过火面积 4 平方米，直接经济损失 996.8 万元。事故的直接原因：4 号楼 2 单元 1 层楼梯间用户接线箱内电气线路单相接地短路，引燃箱内存放的纸张等可燃物，是事故发生的直接原因。间接原因：一是用电安全管理混乱。二是楼道内存放大量可燃物品。三是逃生自救措施不当。四是西关虎屯村开展防火检查巡查工作不力，西关虎屯新区日常消防安全工作由关虎屯村村民委员会第三村民组具体实施。村民组为每户村民配发两具4公斤干粉灭火器，并发放消防安全宣传资料，每年对灭火器进行一次维护保养。小区住宅楼道内乱存乱放杂物、电动自行车充电等现象比较普遍，住户车辆随意在道路上停放，长期占用消防车通道。五是电力部门用电安全管理不到位。六是公安、消防部门履行消防安全监管职责不到位。七是金水区文化路街道办事处履行消防安全职责不到位。责任认定和处理建议：

（一）司法机关已采取措施人员

1. 邢某彦，原郑州市城乡建筑配套公司项目经理，负责西关虎屯村三组一户一表改造施工，2015年8月25日因涉嫌重大责任事故罪被刑事拘留。

2. 楚某宝，西关虎屯村委第三村民组副组长兼综治办主任，2015年10月21日因涉嫌玩忽职守罪被检察机关立案侦查，10月21日取保。

3. 赵某，原郑州电业局东区分局农电管理所所长，2015年9月18日因涉嫌滥用职权罪被检察机关立案侦查，10月10日批准逮捕。

4. 朱某，文化路公安分局治安管理服务大队一中队农科路社区民警，负责西关虎屯村警务工作，2015年9月21日因涉嫌玩忽职守罪被检察机关立案侦查，9月29日取保。

以上人员属中共党员或行政监察对象的，待司法机关作出处理后，由当地纪检监察机关或有管辖权的单位及时给予相应的党政纪处分。

（二）建议给予党政纪处分人员

1. 燕某东，中共党员，西关虎屯村居民委员会第三居民小组组长。组织开展防火检查、巡查工作不力，检查中未能及时排查清理楼道内杂物和长期占用消防通道等安全隐患。对事故的发生负有主要领导责任。建议给予党内严重警告处分。

2. 王某臣，中共党员，西关虎屯社区居民委员会副主任。未按规定组织制定村民防火公约，组织开展防火检查巡查工作不力，检查中未能及时排查清理楼道内杂物和长期占用消防通道等安全隐患。对事故发生负有主要领导责任。建议给予党内严重警告处分。

3. 刘某勤，中共党员，西关虎屯社区居民委员会党支部书记兼村委会主任。对村组消防安全工作安排不力，未能及时督促村委会及第三村民组排查清理楼道内杂物和长期占用消防通道等安全隐患。对事故发生负有重要领导责任。建议给予党内警告处分。

4. 赵某河，中共党员，现任国网郑州供电公司大客户服务部客服经理。2002年1月至2003年12月任郑州市电业局配电工程处运行五班班长，负责花园路以东金水路以北区域内的城网一户一表改造工程验收工作。在关虎屯三组一户一表工程中履行职责不到位，没有按规定对工程进行验收，留下火灾隐患。对事故发生负有主要领导责任。建议给予记大过处分。

5. 马某，中共党员，现任国网郑州供电公司配电运检室副主管。2002年1月至2003年3月任郑州市电业局配电工程处副处长，分管检修管理工作。履行职责不到位，没有按规定组织对关虎屯三组一户一表改造工程项目进行接火送电管理。对事故发生负有主要领导责任。建议给予记过处分。

6. 张某辉，中共党员，现任国网郑州供电公司办公室主任、党办主任、经济法律服务（保障）中心主任。2002年3月至2004年11月任郑州市电业局配电工程处副处长，分管运行、城网一户一表改造工程验收工作。履行职责不到位，没有组织配电工程处运行五班按规定对关虎屯三组一户一表改造工程项目进行验收。对事故发生负有主要领导责任。建议给予记过处分。

7. 韦某，中共党员，现任国网河南省电力公司营销部副主任，2002年1月至2003年12月任郑州市电业局东区分局局长。对时任东区分局农电所所长赵某违规批准和办理关虎屯三组申请装表业务留下火灾隐患问题失察。对事故发生负有主要领导责任。建议给予记过处分。

8. 陈某鸣，中共党员，现任国网郑州供电公司正科级协理员。2001年1月至2003年9月任郑州市电业局配电工程处处长。未认真贯彻落实一户一表改造工程相关规定和要求，没有组织对关虎屯三组一户一表改造工程项目进行接火送电管理和验收。对事故发生负有主要领导责任。建议给予记过处分。

9. 刘某迎，中共党员，现任国网郑州供电公司副总工程师，在2001年5月至2003年12月期间担任某郑州市电业局用电处处长兼任城网办副主任。对配电工程处和东区分局存在的履行职责不到位的问题失察。对事故发生负有重要领导责任。建议给予警告处分。

10. 曹某才，中共党员，文化路公安分局治安管理服务大队副大队长。未认真贯彻落实国家和河南省消防安全法律法规及工作部署，指导中队督促社区民警落实日常消防安全检查不力，开展“平安3号”等消防安全专项治理活动工作不到位。对事故发生负有主要领导责任。建议给予记大过处分。

11. 丁某栋，中共党员，文化路分局治安管理服务大队教导员。未认真贯彻落实国家和河南省消防安全法律法规及工作部署，指导督促治安管理服务大队落实日常消防安全检查不力，开展“平安3号”等消防安全专项治理活动工作不到位，致使辖区排查消防安全隐患存在死角。对事故发生负有重要领导责任。建议给予记过处分。

12. 宋某阳，中共党员，金水区公安消防大队参谋。未认真贯彻落实国家和河南省消防安全法律法规及工作部署，督促指导文化路公安分局落实日常消防安全检查不力，对分局负责消防工作的民警和社区民警消防检查业务培训不到位。对事故发生负有主要领导责任。建议给予记过处分。

13. 刘某庭，中共党员，金水区公安消防大队党委书记、教导员，主持大队全面工作。未认真贯彻落实国家和河南省消防安全法律法规及工作部署，督促指导辖区公安派出所落实日常消防安全检查不力、消防安全宣传和消防业务培训不到位。

对事故发生负有重要领导责任。建议给予警告处分。

14. 刘某阳，中共党员，文化路街道办事处安监办主任。指导村委会开展群众性消防工作不力，没有及时督促关虎屯社区按规定组织制定村民防火公约，未能督促关虎屯社区发现并及时排查清理楼道内杂物和长期占用消防通道等安全隐患。对事故发生负有主要领导责任。建议给予记过处分。

15. 孙某惠，中共党员，文化路街道办事处党工委委员、武装部部长，主管消防安全。对办事处安监办、西关虎屯村委会开展群众性消防工作检查指导不力，对西关虎屯新区楼道内堆放杂物和长期占用消防通道等安全隐患问题失察。对事故发生负有重要领导责任。建议给予警告处分。

【警示案例2】2011年4月19日5时左右，南京市丰富路18号朗诗熙园×栋××××室房产（下称朗诗熙园房产）主卧室内起火，居住人陈某某、刘某某（系原告的儿子与儿媳）发现火情后，先用家中水救火，因火势无法控制使用楼道内消火栓时，发现消火栓内无水。陈某某后拨打被告莲花物业南京分公司电话，并向消防部门报警。被告四名工作人员到达现场后，因火势太大未能进入室内采取灭火措施。后经消防部门扑灭，经南京市白下区公安消防大队认定，火灾成因是：南京市白下区丰富路18号朗诗熙园×栋××××室居住人员有吸烟的习惯；电器设备长期连接电源，处于带电状态；发生火灾时，未采用有效措施，导致火灾扩大蔓延；朗诗熙园房产×栋室内消火栓系统故障，导致室内消火栓系统内无水。火灾造成朗诗熙园房产内部分家具、电器及装修物品毁损，经南京长城资产评估土地房地产估价事务所评估，火灾损失的市场价值为238372元。

另查明，被告莲花物业南京分公司是朗诗熙园小区的物业服务公司，其与朗诗熙园小区业主签有前期物业服务协议约定住宅物业费每平方米1.8元，协议第三条关于物业服务质量中的第八条明确约定：各类消防设施完好、有效，消防水泵供水率达100%，其他消防设备设施完好率98%以上；执行有关消防法律法规，健全消防组织，建立消防责任制。

法院认为：损坏他人财产的，应赔偿财产损失。火灾造成原告房产内的财物损失，经评估，各项财物损失的市场价值为238372元。火灾发生后，朗诗熙园房产暂时无法使用，原告租赁其他房产产生租金损失，考虑到诉讼与重新装修的合理时间，法庭支持原告6个月的租金损失，按每月3500元计算，租金损失为21000元，故原告火灾损失合计259372元。根据消防部门的现场勘验材料及火灾事故认定书，朗诗熙园房产的起火点位于主卧室床铺左侧床头柜与床交会处，起火原因是房屋居住人吸烟或电器长期通电所致。房屋居住人在室内生活时应尽到谨慎的注意义务，杜绝火灾隐患以维护生命财产安全。居住人陈某某与刘某某在前夜晚归的情况下，未能将吸烟及电器所带来火灾隐患予以消除，直接导致火情出现，并最终引发火灾，是火灾发生的根本原因，亦是火灾损失产生的主要原因。被告莲花物业南京分公司应根据物业服务协议的约定，履行对朗诗熙园小区消防设施维护保养的义务，保证消防设施供水率达到100%，并依据相关消防法规建立消防组织防范火灾发生。火灾发生时，因被告对消防设施维护保养不善，朗诗熙园房产的室内消火栓无水。上述情形表明，被告莲花物业南京分公司未能全面履行物业服务合同约定的义务，其存在过错。被告的过错行为在一定程度上延迟了火灾的扑救，致火情未能有效控制，造成原告财产损失的扩大。原告财产损失扩大的具体数额，实际已无法核算，但可以确认，房屋居住人的疏忽大意与被告的过错行为相结合共同导致了原告实际损失的产生。与房屋居住人相比，被告的过错程度相对较低，其过错行为对损失发生的原因力相对较小。因此，被告的过错行为是原告损失产生的次要原因，综合考虑，法庭酌定，被告莲花物业南京分公司对原告全部损失承担30%的赔偿责任，即被告莲花物业南京分公司应赔偿原告77812元。

据此，南京市鼓楼区人民法院判决：被告莲花物业南京分公司、莲花物业公司于本判决生效之日起十日内赔偿原告陈某某财产损失77812元。一审判决后，双方当事人均未上诉，一审判决已生效，被告已按一审判决履行义务。

【警示案例3】2015年7月11日23时27分，湖北省武汉市汉阳区紫荆嘉苑小区一高层住宅发生火灾，造成7人死亡、12人受伤。紫荆嘉苑小区一号楼是地下1层、地上33层单元式住宅，建筑高度99.6m，属一类高层建筑。公共部位设置有火灾自动报警系统、室内消火栓系统、正压送风系统、应急照明和疏散指示标志等消防设施。火灾原因系电缆井内垂直供电干线违规采用铝芯线，与铜芯水平支线间采用缠绕搭接、胶布绝缘的连接方式，导致电缆井内线路间局部产生高温引发短路，并引燃电缆井内可燃物造成。

火灾暴露的主要问题：（一）建设、设计、施工、监理、检测等单位未严格履责。设计单位对施工图设计深度不够，局部设计只提出原则性要求；施工单位未严格按照设计图纸施工，存在电缆竖井未进行防火封堵、电气线路敷设不符合规范要求和选用不符合设计要求电气产品等问题；检测单位对项目中存在明显不符合设计、施工和验收规范要求的问题，视而不见，仍出具了结论为“合格”的检测报告；建设、设计、施工、监理等单位在工程验收中不认真、不负责，签署的验收文件资料与工程实际状况明显不符。（二）物业管理单位消防安全主体责任不落实。负责物业管理的武汉铁桥物业管理有限公司，防火检查、巡查流于形式，未及时有效发现和督促整改住宅楼内存在的明显火灾隐患，并将屋顶平台安全出口锁闭；建筑消防设施日常维护保养不到位，消防电梯、消防水泵、正压送风系统等设施在火灾发生时未有效启动；消防控制室仅1人值班，且值班人员属于未持证上岗，不掌握火灾应急处置程序。（三）居民消防安全意识淡薄。部分居民在楼梯间随意堆放杂物，随意开启疏散楼梯间常闭式防火门，甚至违规在电缆井内私拉乱接电气线路，形成火灾隐患。火灾发生时，部分居民未对周围环境进行观察和判断，没有根据现场情况选择在室内等待救援，而是盲目沿着有毒烟气蔓延的楼梯间进行逃生，导致伤亡。

练 习 题

选择题

1. 住宅消防安全管理的主体包括（　　）。

A. 街道办事处、乡镇政府　　B. 公安派出所及警务室

C. 居民委员会　　D. 业主大会或业主委会员

E. 物业服务企业

2. 住宅物业服务企业应当履行的消防安全职责有（　　）。

A. 制定并实行逐级消防安全责任制和岗位消防安全责任制，确定各级、各岗位消防安全责任人员，成立志愿消防队伍，制定并落实管理区域的消防安全制度和操作规程

B. 配合公安派出所、居（村）民委员会开展消防安全工作，落实物业服务合同中约定的消防安全防范服务事项

C. 组织对物业服务企业员工进行消防安全培训，开展消防安全宣传教育，指导、督促业主和物业使用人遵守消防安全管理规定。将房屋装饰装修中的消防安全禁止行为和注意事项告知业主、物业使用人

D. 开展防火巡查、检查，消除火灾隐患，保障疏散通道、安全出口、消防车道畅通，保障消防车作业场地不被占用

E. 对管理区域内的共用消防设施、器材及消防安全标志进行维护管理，确保完好有效

F. 制定灭火和应急疏散预案，定期开展演练。落实消防控制室管理制度，发现火灾及时报警，积极组织扑救，并保护火灾现场，协助火灾事故调查

3. 物业服务企业员工的主要职责有（　　）。

A. 维护单位消防安全、保护消防设施、预防火灾、报告火警的义务

B. 认真贯彻落实单位的消防安全规章制度和消防安全操作规程，发现火灾隐患有义务向有关部门反映，积极配合单位整改火灾隐患

C. 认真学习消防法律法规和防火灭火知识、技能，积极参加单位组织的消防安全教育和培训，积极参加志愿消防队组织的各项活动

D. 要熟悉所在场所的消防安全设施位置、疏散通道和安全出口，一旦发生火灾事故，在立即报警的同时要组织、引导在场群众疏散

E. 要保障消防通道和安全出口畅通，杜绝违反消防法律法规的行为

F. 要熟练掌握消防安全四个能力（检查消除火灾隐患的能力；组织扑救初起火灾的能力；组织人员疏散逃生的能力；消防宣传教育培训的能力）内容，并熟练灵活运用

4. 商业服务网点是设置在住宅建筑的首层或首层及二层，每个分隔单元建筑面积不大于300m^2的商业用房，使用功能限于（　　）。

A. 商店　　B. 邮政所　　C. 储蓄所　　D. 理发店　　E. 洗车店

5. 竖向管井消防安全措施有（　　）。

A. 电梯井内严禁敷设可燃气体和甲、乙、丙类液体管道，不应敷设与电梯无关的电缆、电线，井壁除开设的电梯门、安全逃生门和通气孔洞外不应开设其他洞口

B. 电缆井、管道井井壁的防火门要保持完好有效并常闭

C. 井内不得增加任何可燃物，特别是物业保洁工具、纸壳、塑料瓶等杂物

D. 电缆井、管道井与房间、吊顶、走道等相连通的孔洞应当用不燃材料或者防火封堵材料严密填实

E. 电缆井、管道井每层在楼板处用相当于楼板耐火极限的不燃材料或防火材料封堵，特别是更换、维修管道、电缆电线等要督促施工单位按照原设计标准封堵

6. 住宅外墙保温材料的维护管理措施有（　　）

A. 住宅物业进行外立面装修、装饰、节能改造时，施工现场应符合消防安全要求，建筑材料的防火性能应符合国家标准和行业标准，禁止采用易燃材料

B. 外墙保温防护层破损开裂、脱落，未将保温材料完全包覆的，要及时修缮

C. 对于安装空调对外墙及保温材料进行打洞的，要使用不燃材料对孔洞四周的保温材料进行严密封堵，厚度不小于15mm

D. 在建筑明显位置设置警示提示标志。严禁在建筑外墙违规进行电焊、气焊等明火作业，禁止在建筑周围堆放可燃物，禁止在采用可燃保温材料的建筑60m范围内燃放烟花爆竹

E. 汽车、电动车停放与建筑外墙保持5m以上的安全距离，防止车辆火灾引燃建筑物

7. 消防车通道管理措施有（　　）。

A. 住宅区消防车通道净宽度和净空高度均不应小于4.0m，净空高度不宜小于4.5m，车道与建筑之间不应设置妨碍消防车操作的树木、架空管线等障碍物

B. 消防车道的路面、消防车登高操作场地、消防车道和消防车登高操作场地下面的管道和暗沟等，应能承受重型消防车的压力

C. 对于妨碍消防车操作的树木应当及时进行修剪，对于设置的隐形消防车道要设置明显标识，草坪、灌木要定期修剪，高度不得影响消防车通行

D. 住宅小区不得设置影响消防车通行的固定隔离墩、限高杆

E. 小区消防车通道、高层住宅消防车登高操作场地要设置明显的界限标识，划定的停车区域不应当影响人员疏散、消防车通行及登高作业

8. 防火间距范围内禁止（　　）。

A. 擅自占用

B. 搭建建筑物

C. 放置可能造成火势蔓延扩大的可燃物资

D. 种植常绿草坪

9. 下列情形中属于火灾隐患的是（　　）。

A. 住宅楼通往楼顶上人屋面的门被封闭

B. 室内消火栓消防水带用来浇花

C. 在共用楼梯内不影响人员安全疏散处设置充电装置为电动自行车充电

D. 在设在地下的储藏室内存放液化石油气钢瓶

参考答案

选择题

1. ABCDE 2. ABCDEF 3. ABCDEF 4. ABCDE 5. ABCDE 6. ABCDE 7. ABCDE 8. ABC 9. ABCD

第五章　消防设施的维护管理

【内容提要】本章介绍了消防设施的维护管理职责分工、消防设施与器材的类型和用途、组成及工作原理、维护与保养、消防控制室值班管理等内容。通过学习本章，读者应掌握消防设施的维护管理职责分工、常见消防设施与器材的类型和用途、组成及工作原理，掌握消防设施与器材巡查、维修、保养等维护管理的内容及要求、消防控制室管理要求和方法。

随着经济社会的快速发展以及与火灾作斗争的经验积累和科学技术的发展，住宅建筑消防设施的种类和应用日趋广泛，向着自动化、信息化和性能化发展。在提高了住宅建筑消防安全性能的同时，也给消防设施维护、管理工作增加了难度，有的管理人员对建筑消防设施的性能和工作原理不了解，工作中不知道怎么检查、使用和维护，导致建筑消防设施不能正常运行，严重影响了住宅建筑消防安全。

第一节　消防设施的维护管理职责分工

建筑消防设施的产权单位或者受其委托管理的单位应当履行日常管理责任。《中华人民共和国消防法》第5条规定："任何单位和个人都有维护消防安全、保护消防设施、预防火灾、报告火警的义务。任何单位和成年人都有参加有组织的灭火工作的义务。"第28条规定："任何单位、个人不得损坏、挪用或者擅自拆除、停用消防设施、器材，不得埋压、圈占、遮挡消火栓或者占用防火间距，不得占用、堵塞、封闭疏散通道、安全出口、消防车通道。人员密集场所的门窗不得设置影响逃生和灭火救援的障碍物。"同一建筑物由两个以上单位管理或者使用的，应当以合同或协议的形式明确各方的消防安全责任，并确定责任人对共用的疏散通道、安全出口、建筑消防设施和消防车通道进行统一管理。由于住宅消防设施产权较为复杂，较难划分维护责任。应当本着谁所有谁维护、谁受益谁维护的原则进行划分。

一、业主、物业使用人及物业服务企业维护管理责任划分

1. 业主、物业使用人的责任。业主、物业使用人应当对自用房屋、场地消防设施进行维护管理，负责消防设施的配置、维护，物业服务企业可以协助，维护更

新费用业主自行承担。特别是户内配置的火灾自动报警系统的探测器、自动喷水灭火系统的喷头等涉及建筑整体的消防设施要保持完好有效，不得因局部损坏而影响全局。物业服务企业发现有故障的，要及时通知业主、物业使用人修复。

2. 物业服务企业的责任。不得擅自关停建筑消防设施，对建筑消防设施存在的问题和故障，立即通知维保人员进行维修。因故障维修等原因需要暂时停用消防系统的，需经单位消防安全责任人批准，并采取确保消防安全的有效措施，向业主委员会、居（村）民委员会、社区居民委员会和城乡房地产管理部门报告。属于市政消防设施的，应当及时向供水部门报告。消防设施维修、更新、改造期间，应当采取确保消防安全的有效措施，并应当在物业管理区域内的显著位置告知。

（1）物业服务企业应当对住宅物业管理区域内的共用消防设施进行维护管理。明确建筑消防设施的维护管理归口部门、管理人员及其工作职责，建立建筑消防设施值班、巡查、检测、维护、保养、建档等制度，确保建筑消防设施正常运行。住宅物业管理区域内设有自动消防设施的，自身具备维护保养能力的（即取得二级以上消防设施维修保养机构资质证书），明确维护保养职能部门和人员。自身不具备维护保养能力的，与有消防设施维护保养检测资质的单位签订《建筑消防设施维修保养合同》，明确维护保养责任，保证自动消防设施的正常运行。每年委托有资质的检测单位对共用建筑消防设施至少进行一次全面检测，检测记录应当完整准确，存档备查。

制定建筑消防设施操作规程，明确操作人员。将建筑消防设施的操作内容纳入单位灭火和应急疏散预案并组织演练，及时纠正操作过程中发现的问题。按照要求每日或每周组织对建筑消防设施进行巡查。设有消防控制室的，实行每日 24 小时值班制度，每班工作时间不大于 8 小时，每班人员不少于 2 人，消防控制室值班操作人员应当按照规定持证上岗。储备一定数量的建筑消防设施易损件或者与有关产品厂家、供应商签订相关合同，以保证供应。按要求建立建筑消防设施档案，长期保存建筑消防设施的原始技术资料。

（2）物业办公区域内自用消防设施的配置和维护管理由物业服务企业负责管理和维护。

3. 消防设施配置、维护、检测、维修、日常管理经费来源。物业服务企业在签订服务合同时要约定经费来源，避免因经费来源不明，无法保证消防设施的正常运行和维护，一旦发生火灾必然承担不利的后果。特别对于业主或主业委员会应当承担费用而因意见不统一或其他原因延迟、拒绝支付费用，物业服务企业要以书面形式通知业主或业主委员会，并及时向社区管理部门反映。

（1）共用消防设施保修期内的维修等费用，由物业建设单位承担。

（2）保修期满后的维修、更新和改造等费用，纳入共同设施设备专项维修资金开支范围。没有专项维修资金或专项维修资金不足的，消防设施维修、更新和改造等费用由业主按照约定承担；没有约定或约定不明确的，由各业主按照其所有的产权建筑面积占建筑总面积的比例承担。

（3）共用消防设施属人为损坏的，费用由责任人承担。无法查明责任人的按照同合约定执行；合同无约定的，物业服务企业负有管理责任的由物业服务企业承担。

（4）业主、物业使用人自用房屋、场地消防设施维护更新费用由业主、物业使用人自负。

（5）消防设施器材的配置、维护、更新，消防控制室值班、自动消防设施日常维护保养、共用消防设施检测费用纳入物业收费范围。

二、物业服务企业与消防设施维护保养检测单位维护管理责任划分

1. 物业服务企业委托消防设施维护保养机构承担维护保养项目，应当签订《建筑消防设施维修保养合同》，并自合同生效之日起5日内送公安消防部门（一般为辖区公安派出所）备案。双方应当明确服务项目、服务内容、服务报酬以及双方的权利、义务和违约责任，并加盖双方单位公章或合同专用章、法定代表人签字。应当将维护保养项目设置的消防设施全部列入服务内容，任一方均不得随意削减。约定消防设施维护保养范围，维护保养频次，维护保养服务质量，非维护保养期间故障紧急排除；明确维护保养耗材（如火灾报警控制器打印纸、机械部位的润滑等）费用承担方；明确约定双方消防设施已损部件的购置责任，损坏件的维修、更换费用等。

2. 住宅物业管理区域内设有自动消防设施与消防设施维护保养检测单位签订维护保养合同的，物业服务企业一般负责配备消防设施在位检查，日常外观检查，消防水位、水量，灭火药剂储量、温度、压力，消防设施指示灯、指示标识，器材保质期等检查，发现问题属于消防设施维护保养检测单位维护保养范围的，应当立即通知消防设施维护保养检测单位，及时维修处理；发现的问题属于自己企业范围的，应当按照有关制度和程序处理；属于业主、物业使用人的，及时通知业主和物业使用人处理。

3. 住宅物业管理区域内未设有自动消防设施的，物业服务企业负责所有共用消防设施的维护保养。

4. 消防设施维护保养负责定期按照国家标准对自动消防设施功能进行检查，定期对机械控制机构进行润滑保养，对功能不正常的设施进行修复，对损坏的部件进行维修或更换，承担非维护保养期间故障的紧急排除，负责对物业服务企业确定的消防控制室值班操作人员进行消防设施的使用方法培训，实战化训练以及合同约定的其他事项。消防设施维护保养单位在接到委托单位关于消防设施出现故障的通知后，应当于24h内到达现场进行修复，填写《建筑消防设施故障维修记录表》。消防设施维修期间或需暂时停用消防设施进行维修的，应经委托单位消防安全责任人批准，并加强现场监督，采取确保消防安全的有效措施。

三、消防设施器材检测和维护保养

消防设施维护保养单位应当收集维护保养项目的总平面布局图、系统图、产品、系统使用说明书等技术资料，与现场核对，对每类消防设施的主要组件逐一编号并标识，做出编码图，建立消防设施主要组件编码库。应当填写《维护保养项目消防设施基本信息表》，经委托单位盖章确认后作为消防设施维护保养工作的基础资料。业主委员会和物业服务企业应当协助提供有关资料，变更消防设施维护保养单位时，原消防设施维护保养单位应当将有关资料交接给业主委员会或物业服务企业，并有义务保守商业秘密。

消防设施维护保养检测单位应当按照国家规定取得相应资质，并在资质证书确定的业务范围内从事消防技术服务活动。消防设施维护保养检测机构应当按照国家标准、行业标准规定的工艺、流程开展检测、维修、保养，保证经维修、保养的建筑消防设施、灭火器的质量符合国家标准、行业标准。具有消防设施维护保养检测资质单位为其维护保养的消防设施出具的年度消防设施检测意见，不得作为年度消防设施检测合格证明文件。消防设施维护保养单位应当每月或按照合同约定对维护保养项目消防设施提供至少一次维护保养服务。重要节假日、重大活动等时期，应当根据委托单位需要或者公安消防部门的要求增加服务频次。消防设施维护保养后应出具《消防设施维护保养报告书》，一份交委托单位，一份报送公安消防部门（一般为辖区公安派出所）备案。消防设施维护保养单位对消防设施进行维护保养服务时，应当及时、客观、真实、完整地记录服务过程。物业服务企业有权对维护保养质量进行监督，发生争议的，按照合同约定执行。

四、消防安全标识化管理

消防安全标识化管理是指运用图文的方式提示、说明消防设施器材、指示消防设施器材使用方法、警示人们注意消防安全、引导人员安全疏散等管理方法。

1. 指示性标志。物业管理范围内的消防总平面布局图，包括单位建筑总平面布局图、消防车道、室外消火栓、水泵结合器、消防控制室位置，通向外部的出入口等内容，图中消防车道要以红色标注。

2. 消防设施器材说明。室内外消火栓、水泵接合器、灭火器等处设置消防设施器材、名称。

3. 消防设施器材使用方法。室内消火栓、灭火器等处张贴使用方法或者操作步骤说明。

4. 提示性标识。常闭式防火门处粘贴“常闭式防火门请保持常闭”，防火卷帘处粘贴“防火卷帘下及两边0.5米处禁止摆放物品”，电梯要设置“火灾时禁止使用电梯”等。

5. 警示性标志。禁止烟火、禁带火种等标志；消防车通道用黄线实线作出标记，消防车登高操作场地用黄色网格线标记，“禁止占用消防车通道、禁止占用”等标志。

6. 说明性标志。消火栓、自动喷水灭火系统控制阀门应当标明常开或常闭；报警阀组、气体灭火系统、干粉灭火系统的紧急启动和停止方法等；消防水泵、报警阀、控制柜等设置供水类别、供水范围等标识，管道要标明水流方向等内容。

7. 消防安全重点部位标示牌。配电室、车库等部位要设置消防安全重点部位标示牌，消防控制室或者值班室要设置标示牌。

第二节 消防设施器材维护管理

住宅消防设施是住宅建筑内设置的防火分隔设施、火灾预警系统、火灾自动报警系统、自动灭火系统、室内外消火栓系统、防烟排烟系统以及应急广播和应急照明、安全疏散等用于防范和扑救住宅建筑物火灾的设备、设施的总称，是保障住宅消防安全和人员疏散的重要设施，是现代建筑的重要组成部分。

一、防火分隔设施

建筑发生火灾时，火势会通过热对流、热辐射和热传导由本建筑物一个部位向相邻部位或者周围其他建筑蔓延。通过在建筑间设置防火间距、在建筑内部使用防火墙、防火隔墙、防火门、防火卷帘等分隔措施，划定防火分区将火势限定在一定范围内，可有效地控制火势蔓延，有利于人员安全疏散和火灾扑救，从而达到减少火灾损失的目的。固定防火分隔设施是效果最好也最为经济的，在防火分隔的同时也影响着建筑及建筑内部之间的联系，影响着建筑的使用功能。因此，设置一些可开启、关闭的防火分隔设施如防火门、防火窗、防火卷帘、防火水幕等，可达到既能防火分隔又便于使用的目的。产品质量、安装质量和日常维护管理直接影响到防火分隔的效果。

1. 防火墙。防火墙是防止火灾蔓延至相邻区域且耐火极限不低于 3.00h 的不燃性墙体。防火墙应直接设置在不低于其本身耐火极限的基础上或框架、梁等承重结构上，防火墙上不应开设门窗洞口，确需开设时，应设置甲级防火门窗。防火墙上开设的防火门窗要保持关闭状态；可燃气体和甲、乙、丙类液体管道严禁穿过防火墙，其他管道不宜穿过防火墙，确需穿过非甲、乙、丙类液体管道时，应采用防火封堵材料将墙与管道之间的空隙紧密填实，穿过防火墙处的管道保温材料应采用不燃材料。防火墙内不应设排气道。

2. 防火门。防火门，是指在一定时间内，连同框架能满足耐火稳定性、完整性和隔热性要求的门。一般分为甲级、乙级、丙级三类，按照材质分为木质（见图5－1）、钢质（见图 5－2）、钢木质防火门。甲级防火门通常设置在防火墙、柴油发电机房储油间、消防水泵房、防排烟机房、地下车库防火分隔处；乙级防火门通常设置在消防电梯前室、防烟楼梯间前室、防烟楼梯间及电梯合用前室、封闭楼梯间、消防控制室入口处及部分住宅的户门；丙级防火门通常设置在竖向管道井检修口等处。除住宅户门设置的防火门和允许设置常开防火门的位置外，防火门应当保持常闭，常闭防火门应在门扇的明显位置设置“保持防火门常闭”提示标志（见图4－3），但不得锁闭。常闭防火门应能自行关闭，双扇防火门应能顺序关闭，关闭后能保持门扇缝隙符合标准要求，不得出现错位。发现门扇破损、关闭不严、闭门器、顺序器损坏的要及时维修或者更换，不得使用杂物人为将门扇置于常开状态。电动常开防火门应在火灾报警或者消防控制室远程操作后自动关闭并反馈信号。钢质防火门门框空腔填充材料应为不燃材料且填充密实。

图5－1　木质防火门

图5－2　钢质防火门

图5－3　防火门提示标志

3．防火窗。防火窗（见图5－4），是指在一定时间内，连同框架能满足耐火稳定性、完整性和隔热性要求的窗。一般分为甲级、乙级、丙级三类，按照材质分为木质、钢质、钢木质防火窗。按照活动方式可分为不可开启防火窗和可开启防火窗。发现防火玻璃破损的要及时按照原设计标准更换，可开启的防火窗要保证火灾时能自行保持关闭。钢质防火窗窗框空腔填充材料应为不燃材料且填充密实。

图5－4　防火窗

4. 防火卷帘。防火卷帘（见图5－5），是指在一定时间内，连同框架能满足耐火稳定性和完整性要求的卷帘，由帘板、卷轴、电动机、导轨、支架、防护罩和控制机构等组成。主要用于防火墙、防火隔墙上因生产、使用等需要开设较大洞口而又无法设置防火门时的防火分隔。住宅建筑主要设置在车库的防火分隔处，常用钢质防火卷帘和无机布双轨防火卷帘。如果发生火灾时，防火卷帘无法自动降落，将控制锁位开关处于开的位置（见图5－6），手动操作防火卷帘电动控制按钮，按“▲”键卷帘向上卷，按“▶”键卷帘向下降，中间的“■”键是停止运行键。如果停电，可手动拉动卷帘手动链条，防火卷帘可上升或者下降（见图5－7）。

防火卷帘导轨、卷筒等缝隙要使用不燃材料封堵严密；保证帘板（面）、导轨无损伤变形，定期在导轨上涂抹润滑油脂，保证卷帘运行平稳无卡阻；防火卷帘要保证帘板（面）、轨道无损伤变形，定期在轨道上涂抹润滑油脂，保证卷帘运行平稳无卡阻；保证防火卷帘控制器的电源处于正常工作状态；防火卷帘门两侧各0.5m范围内不得堆放物品，并应用黄色标识线划定范围；防火卷帘下方设置明显“防火卷帘下方禁止堆放物品”的提示语（见图5－8）；划设停车位时，要保证防火卷帘两侧2米范围内不得停放车辆。

图5－5　防火卷帘

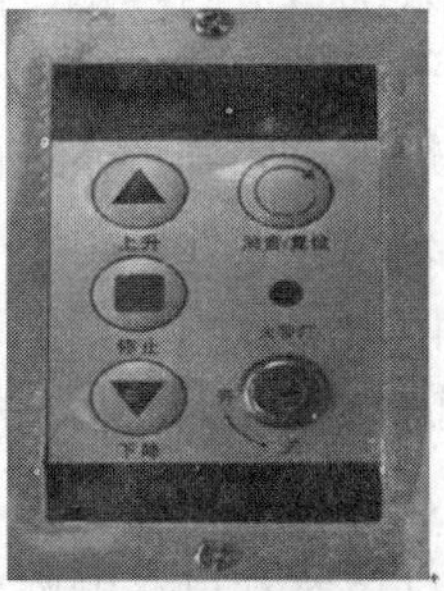

图5－6　防火卷帘电动控制按钮

图5－7　防火卷帘机械控制链条

图5－8　防火卷帘提示语

5. 防火阀。防火阀（见图5－9）是在一定时间内能满足耐火完整性和耐火稳定性要求，用于管道内隔烟、阻火的活动式封闭装置。一般由阀体、叶片、执行机构和温感器等部件组成。主要安装在通风空调系统管道穿越防火分区处，穿越通风、空气调节机房的房间隔墙和楼板处，穿越重要或者火灾危险性大的房间隔墙和楼板处，穿越防火分隔处的变形缝两侧，竖向风管与每层水平风管交接处的水平管段上。平时处于开启状态，发生火灾时当管道内烟气温度达到70℃时防火阀会自动关闭。平时要保证防火阀安装处管道不变形，阀门自动、手动功能灵活，主要构配件不应出现锈蚀，阀门内无影响动作的灰尘、杂物等。

图5－9　防火阀

6. 排烟防火阀。排烟防火阀是在一定时间内能满足耐火完整性和耐火稳定性要求，用于排烟系统管道内隔烟、阻火的活动式封闭装置。一般由阀体、叶片、执行机构和温感器等部件组成，结构类似防火阀。安装在排烟管道进入排烟机房、穿越防火分区的排烟管道和排烟系统的支管上，当排烟管道内烟气温度达到280℃时关闭。要保证防火阀安装处管道不变形，阀门自动、手动功能灵活，主要构配件不应出现锈蚀，阀门内无影响动作的灰尘、杂物等；安装使用时不得与防火阀混用。

7. 防火封堵材料。防火封堵材料（见图5－10）用于封堵各种贯穿物，如电缆、风管、油管、气管等穿过墙壁、楼板时形成的各种开口以及电缆桥架的防火分隔，以免火势通过这些开口及缝隙蔓延，具有优良的防火功能，便于更换。防火封堵材料包括防火封堵板材、阻燃模块、防火密封胶、柔性有机堵料、柔性无机堵料、阻火包（见图5－11）、阻火圈等。防火封堵要严密，封堵材料出现老化、变性要及时更换，管道、电缆等维修影响防火封堵的要按照原标准恢复。

图5－10 防火封堵

图5－11　阻火包

二、火灾预警系统

火灾预警系统主要包括可燃气体探测报警系统、电气火灾监控系统等，主要功能是及时探测可能引发火灾、爆炸的不安全因素发出报警信息，起到提前预警的作用。

1. 可燃气体探测报警装置。可燃气体探测报警装置（见图5－12）是能够探测空气中可燃性气体浓度的一种探测设施，在被探测区域的可燃气体达到设定的报警浓度时能及时发出报警信号，提示有可燃气体存在，提醒采取相应的措施，消除可燃气体的泄漏，妥善安全处置已泄漏的可燃气体，防止发生火灾爆炸。部分可燃气体探测设施还具有连锁关闭可燃气体管道阀门的功能，可以防止可燃气体继续泄漏。居民常用的有适用天然气、煤气、液化石油气等类型的可燃气体探测器。

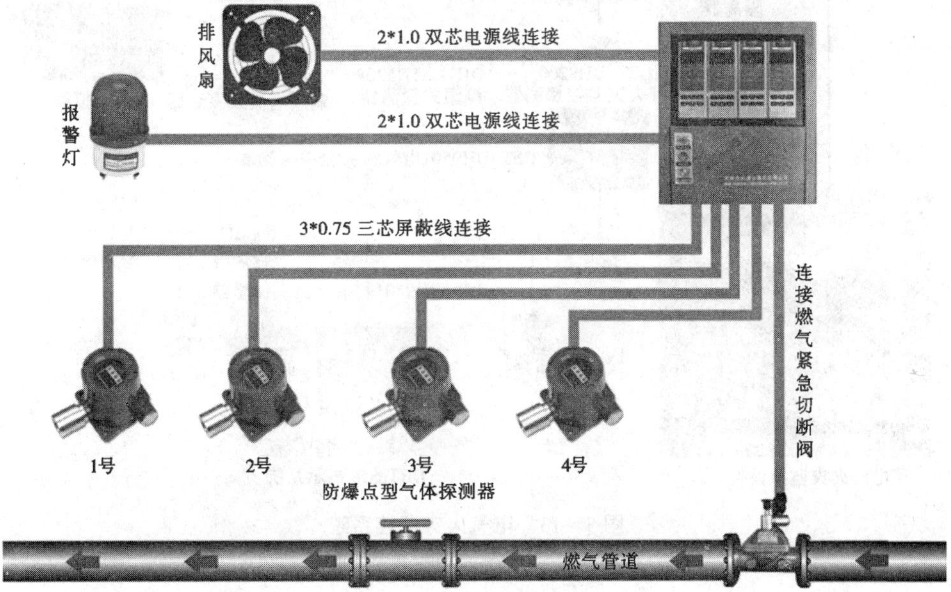

图5－12　可燃气体探测报警装置

可燃气体探测报警装置安装位置不得随意改变，探测气体密度小于空气密度的应当设置在被保护空间的顶部，如天然气；探测气体密度大于空气密度的应当设置在被保护空间的下部，如液化石油气；探测气体密度与空气密度相当的，应当设置在被保护空间的中间部位或者上部，如煤气。可燃气体探测报警装置安装位置不得被遮挡，并且靠近易发生泄漏的位置；可燃气体探测报警装置要定期校准并在规定的有效期内使用。如果发生报警应当立即关闭气源，采取自然通风等措施，切勿动用电气设施，查明原因后方可恢复气源供应；如果因烹饪时使用料酒、醋等引起的报警，开窗通风后即可消除；如果发生故障或者超过有效期要由专业人员维修或者更换，不得自行处置。

2. 电气火灾监控系统。电气火灾监控系统（见图5－13）由电气火灾监控器、电气火灾监控探测器和火灾警报器组成，能在电气线路及该线路中的配电设备或者用电设备发生电气故障并产生一定电气火灾隐患的条件下发出报警，提醒检查消除故障、排除电气火灾隐患，实现电气火灾的早期预警功能。报警器应当设置在消防控制室、值班室等有人值班或者经常有人停留的部位，发现报警要及时通知专业人员进行处理；定期维护系统，发现故障要及时由专业人员进行维修，日常要有维护保养、系统运行记录。

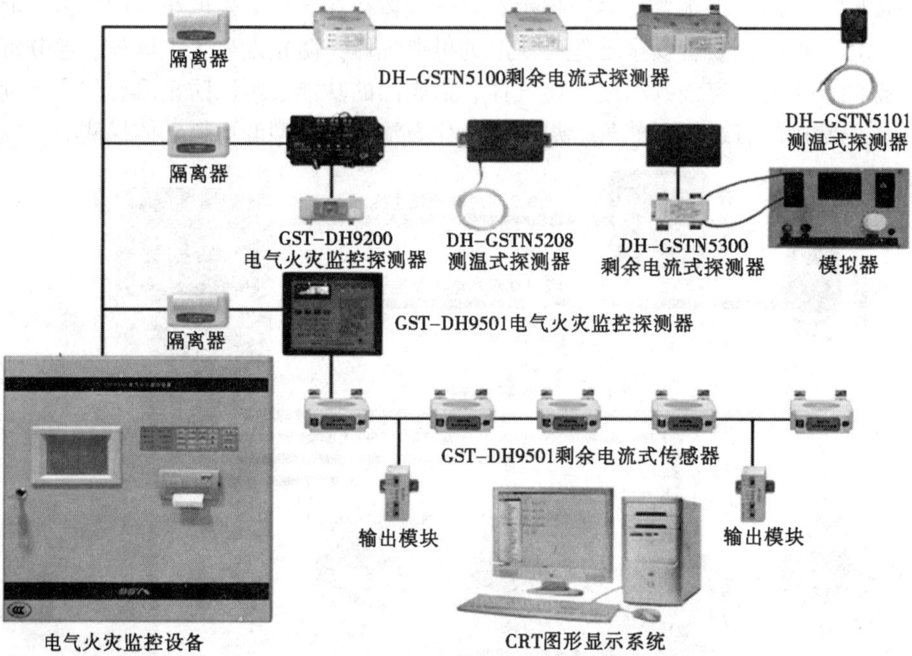

图5－13　电气火灾监控系统

三、火灾自动报警系统

火灾自动报警系统是由触发装置、火灾报警装置、联动输出装置以及具有其他辅助功能装置组成的，具有能在火灾初期，将燃烧产生的烟雾、热量、火焰等物理量，通过火灾探测器变成电信号，传输到火灾报警控制器，并同时以声或者光的形式通知人员疏散，以及向各类消防设施发出控制信号并接收设备反馈信号进而实现预定的消防功能，控制器记录火灾发生的部位、时间等，使人们能够及时发现火灾并采取有效措施，扑灭初期火灾，最大限度地减少因火灾造成的生命和财产的损失，是人们同火灾作斗争的有力工具。

1. 独立式火灾探测报警器。独立式火灾探测报警器（见图5－14）是可以独立工作的、在火灾时能发出声光信号、以警告人们撤离火灾危险区域的火灾探测报警装置，使用干电池供电，不需其他控制设备和外接电源。除国家消防技术标准要求设置火灾自动报警设施的建筑外，居家养老、“空巢老人”、分散养老特困人员等人群住宅，社区综合服务设施等社区居民活动场所，宿舍、出租屋、农家乐、小旅馆、地下居住空间等火灾多发场所推广安装独立感烟报警器；鼓励在其他居民住宅内安装使用独立感烟报警器。安装部位包括上述建筑和场所内的公共活动区域，居住建筑的卧室等休息用房，起居室、客厅，厨房、餐厅，内走道，每层疏散楼梯上部，以及其他具有火灾危险的房间和部位。当其发出低电压报警时，应当按照产品说明书规定的电池种类、容量、型号及安装方法、更换方法进行更换。要保持洁净，灰尘累积会增加引发误报和漏报的概率，可以用电吹风机等吹扫灰尘，一般每年应进行一次清洁。要定期进行测试，一般每月进行一次测试，检验功能是否正常。

图 5－14　独立式火灾探测报警器

2. 火灾自动报警系统。火灾自动报警系统（见图 5－15）按照功能分为区域报警系统、集中报警系统和控制中心报警系统；按照火灾探测器监视范围不同分为点型和线型；按照探测火灾特征参数的不同，可以分为感烟、感温、感光、气体、复合、图像等类型。火灾探测报警器能将火灾产生的烟雾、热量和光辐射等火灾特征参数转变为电信号，火灾特征参数信息被传输至火灾报警控制器发出报警信号，从而使建筑物中的人员有足够的时间在火灾尚未发展蔓延到危害生命安全的程度时疏散至安全地带。当现场人员发现火灾后，也可以直接按火灾手动报警按钮（见图 5－16）向消防控制中心报警。火灾自动报警系统还能通过消防联动控制器联动启动自动喷水灭火系统、水喷雾灭火系统、气体灭火系统、干粉灭火系统等自动灭火设备，是建筑实现火灾自动报警、自动灭火的基础。消防联动控制系统主要是由消防联动控制器、消防控制室图形显示装置、消防电气控制装置（防火卷帘控制器、气体灭火控制器等）、消防电动装置、消防联动模块、消防应急广播设备及消防电话等设备和组件组成。消防控制室的值班人员也可以通过操作手动控制盘直接启动相应的消防设备，从而实现相应消防设备预设的消防功能，消防联动控制器接收并显示消防设施动作的反馈信息。

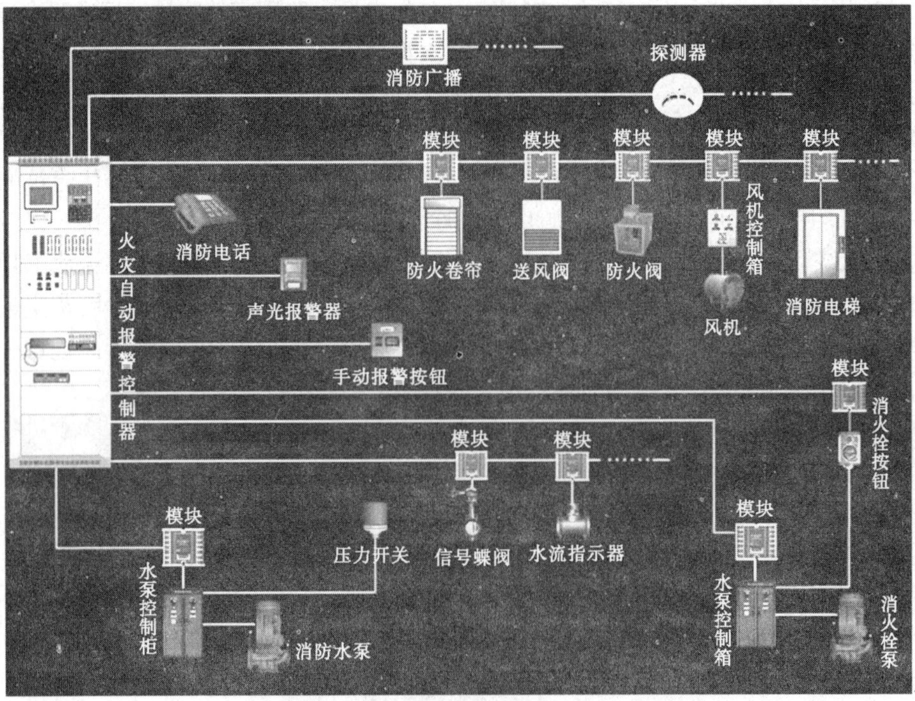

图 5－15　火灾自动报警系统

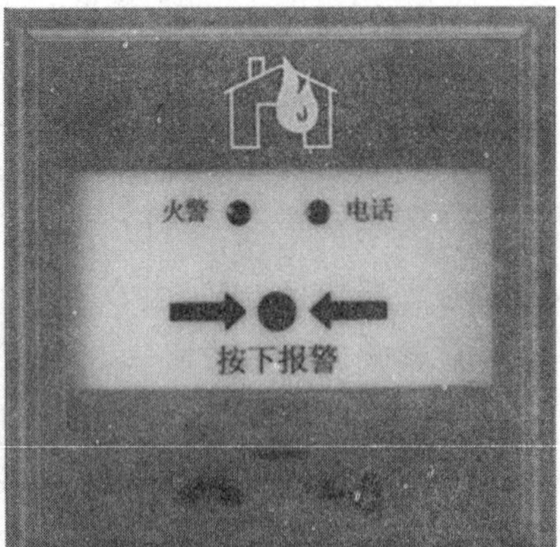

图 5－16　火灾手动报警按钮

火灾自动报警系统点型探测器周围 0.5 米范围内，不应有遮挡物；至空调送风口边的水平距离不应小于 1.5 米；房间被书架、设备或者隔断等分隔影响探测器正常功能的要在每个被隔开的部位应至少安装一只点型探测器。火灾报警系统投入运行 2 年后，点型感温、感烟探测器应每隔 3 年由专业清洗单位全部清洗一遍，清洗后应作响应阀值及其他必要功能试验，不合格的应及时更换，严禁重新安装使用。

误报火警，应当现场确认有无蒸气、油雾、粉尘、飞虫等影响火灾探测器正常工作的环境存在，对于误报频繁的火灾探测器应及时更换或者消除引发误报的因素。部分火灾自动报警系统在投入运行前防尘罩未摘除，影响火灾探测器的正常功能，使用过程中发现此类现象要及时摘除。如果房间进行装修扬尘时可以将防尘罩盖好，装修完毕再次摘下即可。消防控制室实行每日 24 小时专人值班制度，每班不应少于 2 人；值班操作人员应当按照《中华人民共和国消防法》第 21 条规定持证上岗，应持有消防特有工种职业资格证书，并遵守消防安全操作规程。

3. 城市消防远程监控系统。城市消防远程监控系统（见图 5－17）能够对联网用户的火灾报警信息、建筑消防设施运行状态信息进行接收、处理和查询，向城市消防通信指挥中心或者其他接处警中心发送经确认的火灾报警信息，对联网用户的消防安全管理信息等进行管理，并为公安消防部门和联网用户提供信息服务。城市消防远程监控系统由用户信息传输装置、报警传输网络、监控中心以及火警信息终端等几部分组成。火警信息终端设置在城市消防通信指挥中心或者其他接处警中心，用于接收并显示监控中心发送的火灾报警信息。监控中心的主要功能在于能够为城市消防通信指挥中心或者其他接处警中心的火警信息终端提供经确认的火灾报警信息，同时为公安消防部门提供火灾报警信息、建筑消防设施运行状态信息及消防安全管理信息查询服务，也能为联网用户提供各单位自身的火灾报警信息、建筑消防设施运行状态信息查询和消防安全管理信息服务。

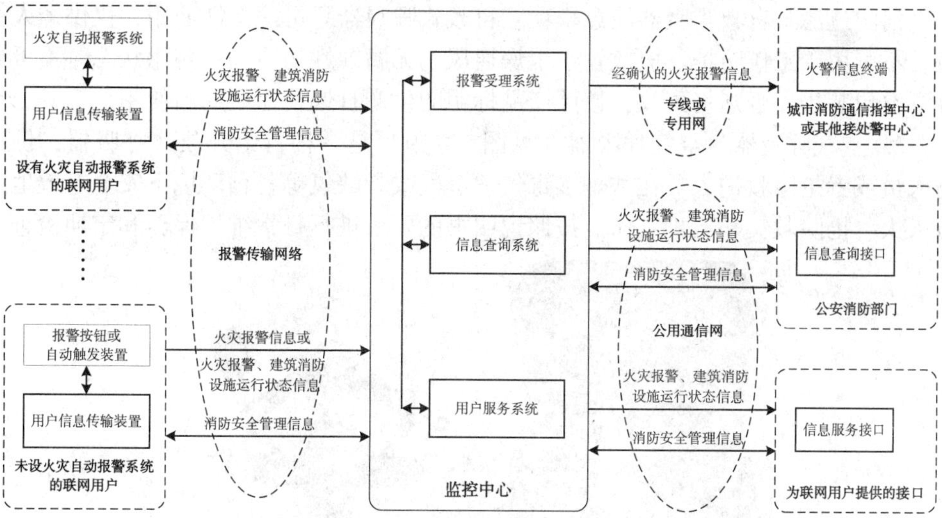

图 5－17 城市消防远程监控系统

四、火灾疏散逃生设施

火灾发生后，产生的大量浓烟、高温有毒气体会对人员造成致命伤害，浓密烟云会导致能见度下降，无法正确辨识方向影响人员快速逃生。火灾防护救护、防排烟及疏散引导系统能够为人员安全防护、疏散逃生、灭火救援提供安全保障。

(一) 火灾防护救护产品

1. 消防过滤式自救呼吸器。消防过滤式自救呼吸器（见图5－18）又名防烟防毒面具、火灾逃生面具，是适用于发生火灾时空气中氧气浓度不低于17%的场所中，人员逃生时为防止一氧化碳、氰化氢、氯化氢、氮氧化物等有害气体及烟雾、热气流的侵害而佩戴的一次性使用的呼吸器，按照需要使用的人员数量配备。

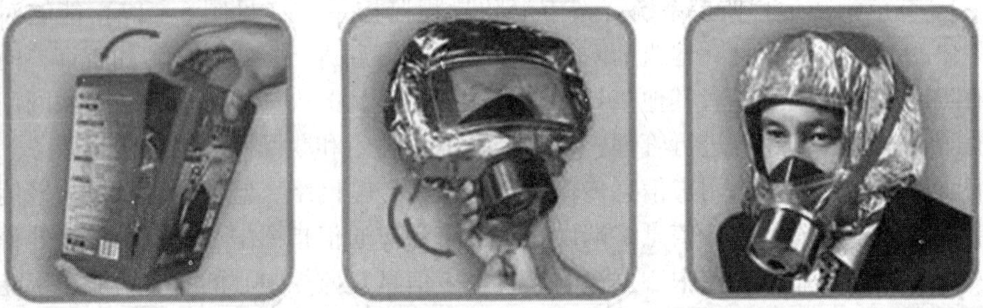

①打开包装盒并取出呼吸器　②拔掉滤毒罐前孔和后孔的两个红色橡胶塞　③将头罩戴在头部，向下拉至颈部，滤毒罐应置于鼻子的前面

图5－18　消防过滤式自救呼吸器

消防过滤式自救呼吸器注意事项：自救式呼吸器只可一次性使用，仅供个人逃生，不可用于工作防护。应放置于干燥通风、无腐蚀性物质处；备用状态时不可撕开真空包装袋，否则将失效；按照产品标明的生产日期在保质期内使用。

2. 空气呼吸器。空气呼吸器（见图5－19）是一种自给开放式呼吸器，供消防人员或者抢险救护人员在浓烟、毒气、蒸气或者缺氧等各种环境下安全有效地进行灭火、抢险救灾和救护工作。按照说明书的要求进行日常维护保养和定期检查。

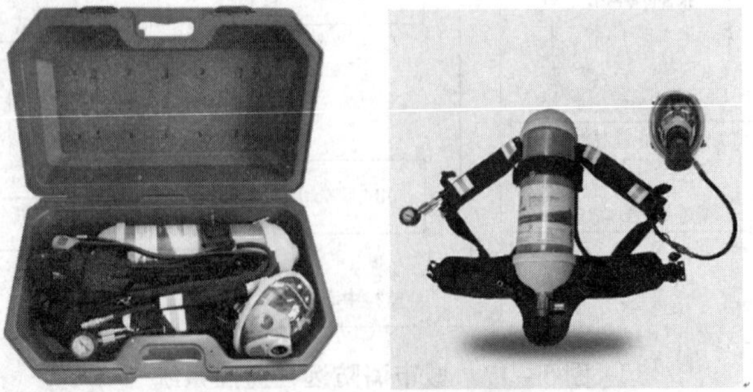

图5－19　空气呼吸器

3. 逃生缓降器。逃生缓降器（见图5－20）由挂钩（或者吊环）、吊带、绳索及速度控制装置等组成，可用专用安装器具安装在建筑物窗口、阳台或者楼房平顶等处，

是一种可使人沿绳缓慢下降的安全营救装置。选购救生缓降器时，应根据预定的安装高度选择适宜的滑降绳索长度规格，宁长毋短。应存放在安装位置附近的明显及通风干燥处，禁止与油脂、腐蚀性物品及易燃物品混放。按照说明书的要求进行日常维护保养和定期检查，发现异常应与生产厂家联系，严禁擅自拆卸主机；严禁往主机内注油，以免摩擦块打滑而造成事故。预定安装时，应选择火灾时最容易缓降逃生的位置。救生缓降器使用时，应避免在烟火区内使用；尽量避免滑降绳索与墙壁或者其他尖锐物品接触摩擦，以免影响滑降速度及损伤滑降绳索。滑降绳索的使用寿命因使用情况不同而异，发现编织层明显剥落、破损时，须及时更换新绳。

图 5-20 逃生缓降器

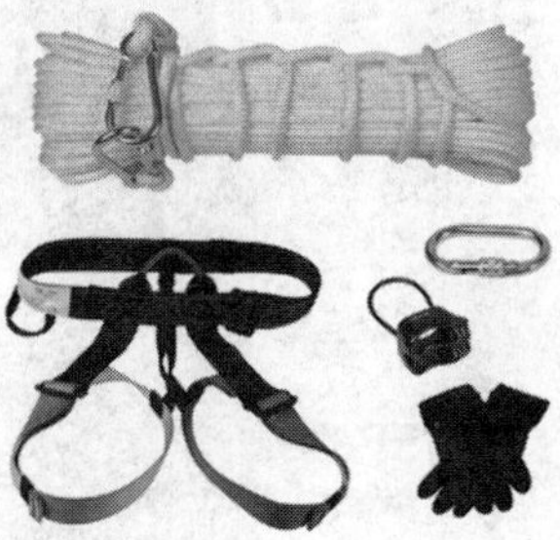

图 5-21 救生绳

4. 救生绳。救生绳（见图 5-21）是上端固定悬挂，供人们手握进行滑降的绳子。救生绳是主要用作消防员个人携带的一种救人或者自救工具，也可以用于运送消防施救器材，还可以在火情侦察时作标绳用，使用时不能使绳受到超负荷的冲击或者载荷。平时应存放在干燥通风处，浸水后应及时处理放在通风干燥处阴干或者晒干，切忌长时间暴晒；避免使绳与尖利物品接触，如沾有酸、碱物质时，应立即冲洗干净并晾干。

5. 救生袋。救生袋（见图 5-22）又称救生通（滑）道，是两端开口供人从高处在其内部缓慢滑降的长条形袋状物。以尼龙织物为主要材料，可固定或者随时安装使用，是楼房建筑火场被困人员的脱险器具。平时应存放在干燥通风处，防止暴晒，防止浸水，防止沾染酸、碱物质，避免与尖利物品接触。安装位置要便于逃生位置且远离烟火，安装要牢固可靠，定期检查，发现异常应与生产厂家联系或者更换。

图 5-22 救生袋

6. 消防电梯。消防电梯（见图5－23）是在建筑物发生火灾时供消防人员进行灭火与救援使用且具有一定功能的电梯，一般在普通电梯的基础上增加功能满足消防救援要求。电梯的动力与控制电缆、电线、控制面板应采取防水措施；在首层的消防电梯入口处应设置供消防队员专用的操作按钮；电梯轿厢内部应设置专用消防对讲电话。定期维护保养应当由具有消防设施维护保养检测资质的单位实施。

图5－23　消防电梯示意图

（二）防排烟系统

防排烟系统分为防烟系统和排烟系统。防烟系统是通过采用自然通风方式，防止火灾烟气在楼梯间、前室、避难层（间）等空间内积聚，或通过采用机械加压送风方式阻止火灾烟气侵入楼梯间、前室、避难层（间）等空间的系统。排烟系统是采用自然排烟或机械排烟的方式，将房间、走道等空间的火灾烟气排至建筑物外的系统。

1. 防烟系统。防烟系统分为可开启外窗自然通风系统和机械加压送风系统。机械加压防烟是在疏散楼梯间及前室、合用前室等需要防烟的部位送入足够的新鲜空气，使其维持高于建筑物其他部位的压力，从而把着火区域所产生的烟气堵截于防烟部位之外。机械加压送风防烟系统（见图5－24）主要由送风口（见图5－25）、送风管道、送风机和风机控制柜等组成。当发生火灾时，火灾自动报警系统联动或者手动启动正压风机，对送风竖井进行加压送风，对楼梯间、前室及合用前室进行送风，使前室维持正压，阻挡烟气蔓延，为人员逃生提供清洁、适宜的空间。平时要保证送风口不变形，主要构配件不应出现锈蚀，送风口附近无影响送风的障碍物等；保证控制柜的标志、仪表、指示灯、开关和控制按钮正常，送风机电源正常，控制柜处于自动状态。定期维护保养应当由具有消防设施维护保养检测资质的单位实施。

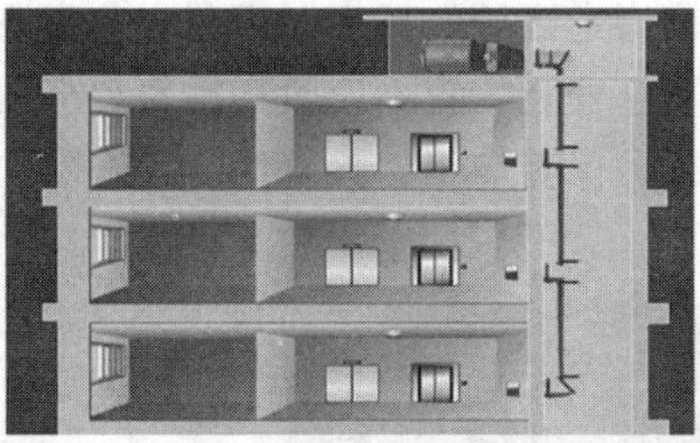

图 5－24 机械加压送风防烟系统示意图

图 5－25 送风口

2. 排烟系统。排烟系统分为可开启外窗自然排烟系统和机械排烟系统。机械排烟系统（见图 5－26）是由排烟口（见图 5－27）、排烟防火阀、排烟管道、排烟风机（见图 5－28）、排烟出口及排烟风机控制器等组成。当建筑物内发生火灾时，手动控制或者由火灾报警系统联动打开排烟口以及和排烟口联动的排烟防火阀，同时关闭空调系统和送风管道内的防火阀，最后由设置在室外的排烟机将烟气通过排烟管道排至室外。排烟口通常安装在走廊、无窗房间、地下车库的排烟系统上，一般在顶棚或者侧墙上安装。平时常闭，发生火灾时，火灾自动报警系统联动或者手动打开排烟口，排烟风机启动，将烟气排除到室外。

图 5－26 机械排烟系统示意图

图 5－27 排烟口

图 5－28 排烟风机

设在顶棚上的排烟口距可燃构件或者可燃物的距离不应少于 1 米，排烟管道必须采用不燃材料制作，安装在吊顶内的排烟管道，其隔热层采用不燃烧材料制作，并应与可燃烧物保持不少于 0. 15 米的距离。平时要保证排烟口不变形，主要构配件不应出现锈蚀，附近无影响排烟的障碍物等；因房间、隔断等分隔设施影响排烟时要增设排烟口；保证控制柜的标志、仪表、指示灯、开关和控制按钮正常，排烟机电源正常，控制柜处于自动状态。定期维护保养应当由具有消防设施维护保养检测资质的单位实施。

（三）疏散引导系统

1. 消防应急广播系统。消防应急广播是火灾逃生疏散和灭火指挥的重要设备，在整个消防控制管理系统中起着极其重要的作用。主要由消防应急广播主机（见图5－29）、音源设备、广播功率放大器、火灾报警控制器（联动型）及现场设备输出模块、扬声器构成。在火灾发生时，应急广播信号通过音源设备发出，经过功率放大后，由广播切换模块切换到广播指定区域的扬声器实现应急广播。扬声器外观应当正常，不应有影响使用的遮挡物；安装位置不应改变且安装牢固；每日测试音响播放功能，声音应当清晰。定期维护保养应当由具有消防设施维护保养检测资质的单位实施。

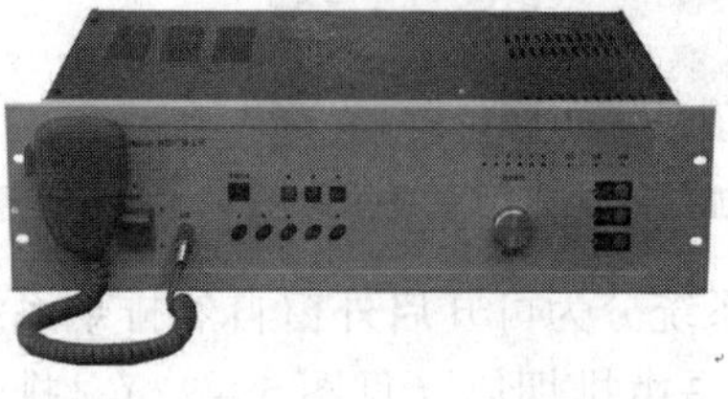

图 5－29　消防应急广播主机

2. 发光疏散指示标志。发光疏散指示标志（见图 5－30）可以有效地帮助人们在浓烟弥漫的情况下，及时识别疏散位置和方向，迅速沿发光疏散指示标志指示方向顺利疏散，避免造成伤亡事故。消防安全疏散标志应设在醒目位置，不应设置在经常被遮挡的位置，疏散出口、安全出口等疏散指示标志不应设置在可开启的门、窗或者其他可移动的物体上。检查外观，充电、工作、故障指示灯状态，发现处于故障指示灯点亮要及时查明原因；按下“试验”按钮检查应急照明是否转入应急状态；发现备用电源的持续供电时间小于 0.5 小时时，对于高度超过 100 米建筑备用电源的持续供电时间小于 1.5 小时时要及时更换。带有指示箭头的消防应急标志灯具，应检查箭头指示方向其指向是否正确、有效。埋地安装的标志灯具，应查看其金属构件是否锈蚀，面板罩内是否有积水、雾气，其突出地面部分是否影响人员疏散。

图 5－30　发光疏散指示标志

3. 火灾事故应急照明。火灾事故应急照明（见图 5－31）是在正常照明的电源失效后启用的照明。一般分为灯内自带蓄电池、集中设置的蓄电池组、分区集中设置蓄电池组三种类型。检查外观，充电、工作、故障指示灯状态，发现处于故障指示灯点亮要及时查明原因；按下“试验”按钮检查应急照明是否转入应急状态；发现备用电源的持续供电时间小于 0.5 小时时，对于高度超过 100 米建筑备用电源的持续供电时间小于 1.5 小时时要及时更换。

图 5－31　火灾事故应急照明

五、灭火器材与设施

根据不同建筑的使用性质、规模和火灾危险性大小，配备相应的灭火器材和设施，可以及时扑救火灾、限制火灾蔓延，为人员疏散和减少火灾损失创造有利条件。

（一）灭火器材

灭火器材是指可以方便地移动和使用的轻便灭火器具，如灭火器、灭火毯、消防桶、消防锹等。浸湿的厚重棉被、毛毯、抹布等也可以用来扑灭初起火灾，山林、草坪等火灾可以用风力灭火机、扫帚、树枝等工具扑救。

1. 灭火器。灭火器（见图 5－32）是一种可携式灭火工具，是常见的灭火设备之一，不同种类的灭火器内装填的灭火剂不一样，配置和使用时必须注意灭火器可扑救的火灾类型。灭火器按移动方式可分为手提式和推车式，按驱动灭火剂的动力来源可分为储气瓶式、贮压式，按所充装的灭火剂可分为泡沫、清水、干粉、二氧化碳、洁净气体等。

图 5－32　灭火器

（1）不同火灾场所灭火器配备选型：

①A 类火灾场所（固体物质火灾）应选择水型灭火器、磷酸铵盐干粉灭火器、泡沫灭火器或者洁净气体灭火器。

②B 类火灾场所（液体或者可熔化固体物质火灾）应选择泡沫灭火器、碳酸氢钠干粉灭火器、磷酸铵盐干粉灭火器、二氧化碳灭火器、灭 B 类火灾的水型灭火器或者洁净气体灭火器。极性溶剂（如甲醇、乙醇等）的 B 类火灾场所应选择灭 B 类火灾的抗溶性泡沫灭火器。

③C 类火灾场所（气体火灾）应选择磷酸铵盐干粉灭火器、碳酸氢钠干粉灭火器、二氧化碳灭火器或者洁净气体灭火器。

④D 类火灾场所（金属火灾）应选择扑灭金属火灾的专用灭火器。

⑤E 类火灾场所（带电火灾）应选择磷酸铵盐干粉灭火器、碳酸氢钠干粉灭火器、二氧化碳灭火器或者洁净气体灭火器，但不得选用装有金属喇叭喷筒的二氧

化碳灭火器。

⑥F 类火灾场所（烹饪器具内的烹饪物，如动植物油脂火灾）应选择碳酸氢钠干粉、磷酸铵盐干粉灭火器、水基型（水雾、泡沫）灭火器。还可用灭火毯、浸湿的厚重衣物、锅盖等扑救。

（2）住宅建筑中灭火器主要配置在商业服务网点、车库、配电室、住宅楼梯公用部位等处。一个灭火器配置单元内配置的灭火器数量不得少于 2 具。当住宅楼每层的公共部位建筑面积超过 100㎡时，应配置 1 具 1A 的手提式灭火器；每增加 100㎡时，增配 1 具 1A 的手提式灭火器。地下车库等场所应配置 8Kg 手提式灭火器，宜增配推车式灭火器；居民楼梯间宜配置 4Kg 及以上的磷酸铵盐干粉灭火器或二氧化碳灭火器。

（3）使用灭火器（见图 5－33、图 5－34）应选择在上风方向或者侧风向对准火焰根部喷射。扑救可燃、易燃液体火灾时，应对准火焰根部扫射，如果被扑救的液体火灾呈流淌燃烧时，应对准火焰根部由近而远，并左右扫射，直至把火焰全部扑灭。如果可燃液体在容器内燃烧，使用者应对准火焰根部左右扫射，使喷射出的干粉流覆盖整个容器开口表面；当火焰被赶出容器时，应继续喷射，直至将火焰全部扑灭。在扑救容器内可燃液体火灾时，应注意不能将喷嘴直接对准液面喷射，防止喷射的冲击力使可燃液体溅出而扩大火势，造成灭火困难。

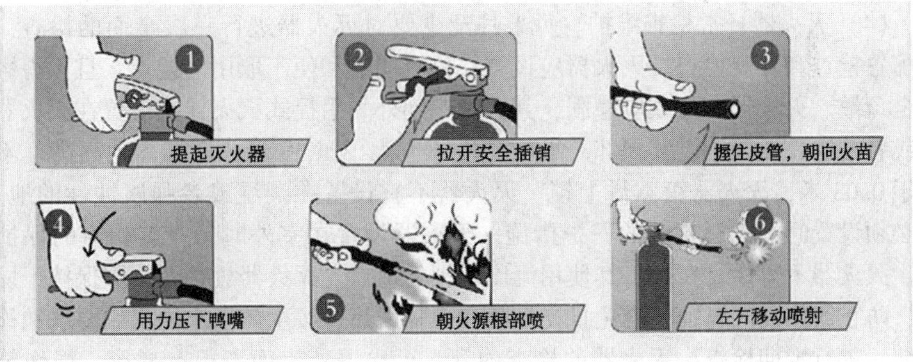

图 5－33　手提式灭火器使用方法图示

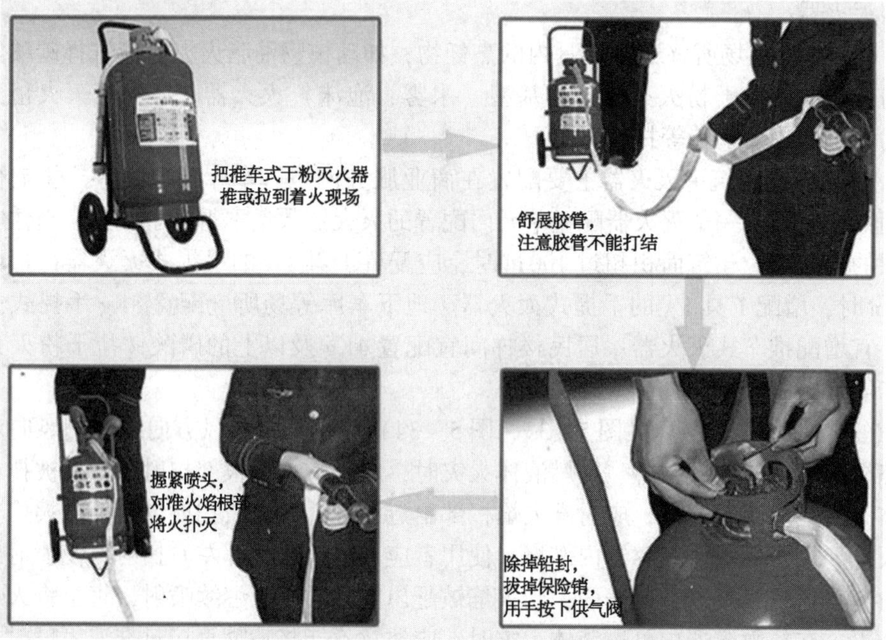

图 5－34　推车式灭火器使用方法图示

（4）灭火器日常检查维护。每半月至少要对灭火器进行一次全面的检查，包括配置检查和外观检查。灭火器应设置在位置明显和便于取用的地点，且不得影响安全疏散。灭火器的摆放应稳固，其铭牌应朝外。手提式灭火器宜设置在灭火器箱内或者挂钩、托架上，其顶部离地面高度不应大于 1.50 米；底部离地面高度不宜小于 0.08 米，灭火器箱不得上锁。灭火器不宜设置在潮湿或者强腐蚀性的地点；当必须设置时，应有相应的保护措施。灭火器设置在室外时，应有相应的保护措施。灭火器不得设置在超出其使用温度范围的地点。灭火器放置处，应保持干燥通风，防止筒体受潮腐蚀，避免日光暴晒和强辐射热。按生产厂家规定的要求和检查周期，进行定期检查。灭火器的检查内容：灭火器外表面不得有变形、损伤等缺陷；压力表的指针是否指在绿区（绿区为设计工作压力值）；灭火器喷嘴是否有变形、开裂、损伤等缺陷；灭火器的压把、阀体等金属件不得有严重损伤、变形、锈蚀等影响使用的缺陷；灭火器的橡胶、塑料件不得变形、变色、老化或者断裂。

（5）灭火器维修与报废。存在机械损伤、明显锈蚀、灭火剂泄漏、被开启使用过或者符合表 5－1 中规定维修期限的灭火器应及时进行维修。灭火器无论是使用过还是未经使用过，从生产日期算起，达到报废年限的必须报废（见表 5－2）。每次送修的灭火器数量不得超过配置灭火器总数量的 1/4。

表 5－1　灭火器的维修期限

灭火器类型		维修期限
水基型灭火器	手提式水基型灭火器	出厂期满 3 年；首次维修以后每满 1 年
	推车式水基型灭火器	
干粉灭火器	手提式（贮压式）干粉灭火器	出厂期满 5 年；首次维修以后每满 2 年
	手提式（储气瓶式）干粉灭火器	
	推车式（贮压式）干粉灭火器	
	推车式（储气瓶式）干粉灭火器	
洁净气体灭火器	手提式洁净气体灭火器	
	推车式洁净气体灭火器	
二氧化碳灭火器	手提式二氧化碳灭火器	
	推车式二氧化碳灭火器	

表 5－2　灭火器的报废期限

灭火器类型		报废期限
水基型灭火器	手提式水基型灭火器	6 年
	推车式水基型灭火器	
干粉灭火器	手提式（贮压式）干粉灭火器	10 年
	手提式（储气瓶式）干粉灭火器	
	推车式（贮压式）干粉灭火器	
	推车式（储气瓶式）干粉灭火器	
洁净气体灭火器	手提式洁净气体灭火器	
	推车式洁净气体灭火器	
二氧化碳灭火器	手提式二氧化碳灭火器	12 年
	推车式二氧化碳灭火器	

2. 灭火毯。灭火毯（见图 5－35）又称消防被、灭火被、防火毯、消防毯、阻燃毯、逃生毯，是由玻璃纤维等材料经过特殊处理编织而成的织物，能起到隔离热源及火焰的作用，可用于扑灭油锅、油桶等可以密闭开口容器内火灾，也可以披覆在身上逃生。灭火毯没有失效期，使用后不会产生二次污染、绝缘、耐高温、便于携带，配置简单，能够快速使用，无破损时能够重复使用。

图 5－35　灭火毯

图 5－36 消防桶

3．消防桶。消防桶（见图 5－36）是用于提水或者从火场地面铲水灭火的工具。

4．消防锹。消防锹（见图 5－37）为钢制，柄为木制或者铁制，手柄一般都会刷红色油漆，用以标记消防锹与其他铁锹的区别。主要用于铲运消防沙、挖导流沟引流或者筑坝阻拦可燃、易燃液体。

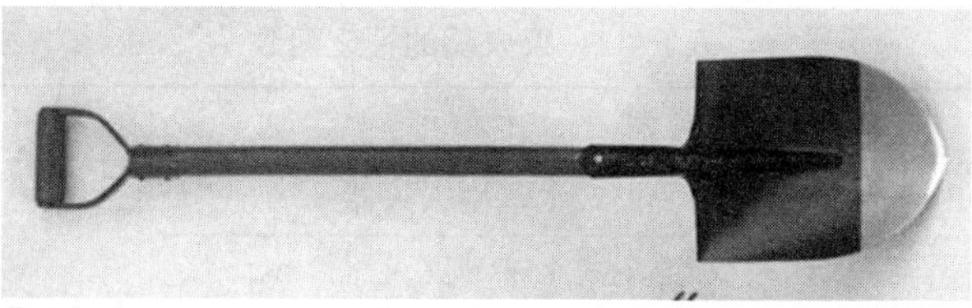

图 5－37　消防锹

（二）移动灭火装备

移动灭火装备，主要是指内燃机动力、电动或者人力移动式灭火设备，可以方便地移动或者运到火灾现场实施灭火，如消防车（见图 5－38）、消防摩托车（见图 5－39）、手抬式机动消防泵（见图 5－40）等。

图 5－38　消防车

图 5－39　消防摩托车

图 5－40　手抬式机动消防泵

（三）固定灭火设施

固定灭火设施，主要是指安装或者设置在建（构）筑物内以及建（构）筑物、堆场、装置周边的固定灭火装置，住宅设置的常见固定灭火设施主要有消防给水设施、室内消火栓系统、自动喷水灭火系统、气体灭火系统等。

1. 消防给水设施。消防给水设施主要功能是为建筑水灭火系统储存并提供足够的消防水量和水压，确保水灭火系统的正常运行。消防给水设施通常包括消防水源、消防供水管道、消防泵组、消防增（稳）压设备、室外消火栓、消防水泵接合器等。

（1）消防水源。消防水源是向水灭火设施、车载或者手抬等移动消防水泵、固定消防水泵等提供消防用水的水源，包括市政给水、消防水池、高位消防水池（箱）和天然水源等。高位消防水箱（见图5－41）是设置在高处直接向水灭火设施重力供应初期火灾消防用水量的储水设施。

图5－41　高位消防水箱

（2）消防泵组。消防泵组（见图5－42、图5－43）是带有动力源的消防泵，一般由一组消防泵、动力源、控制柜以及辅助装置组成。消防水泵是指在消防给水系统中（包括室内消火栓系统、自动喷水灭火系统、水喷雾灭火系统、细水雾灭火系统等）用于保证系统给水压力和水量的给水泵。消防泵动力源主要有电动机、柴油机、汽油机、汽轮机等。

消防水泵　　　　消防泵控制柜

图5－42　电动机消防泵组

图 5－43　柴油机消防泵组

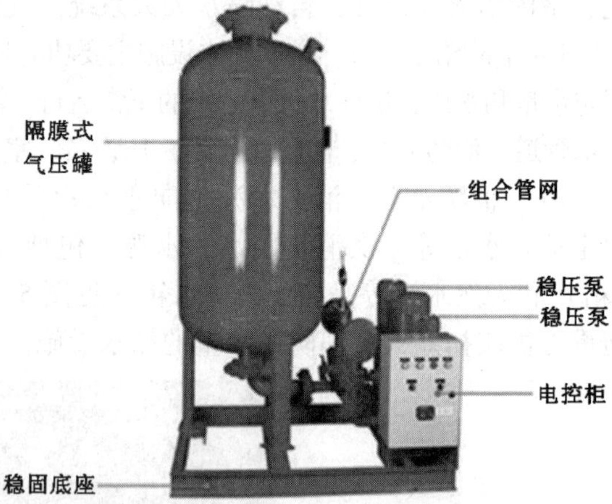

图 5－44　消防增（稳）压设备

（3）消防增（稳）压设备。消防增（稳）压设备（见图 5－44）由气压水罐、稳压泵、控制柜、控制仪表、管道附件等组成，用于消防管网增压、稳压，保证管网压力符合设计要求。稳压泵与消防工作泵相比设计流量小。

（4）室外消火栓。室外消火栓（见图 5－45）是设置在建筑物外消防给水管网上的供水设施，主要供消防车从给水管网取水灭火或者直接连接水带、水枪出水灭火，是扑救火灾的重要消防设施之一。室外消火栓一般采用地上式，在严寒、寒冷地区一般采用干式地上式消火栓或者地下式消火栓，严寒地区宜设消防水鹤（见图 5－46）。

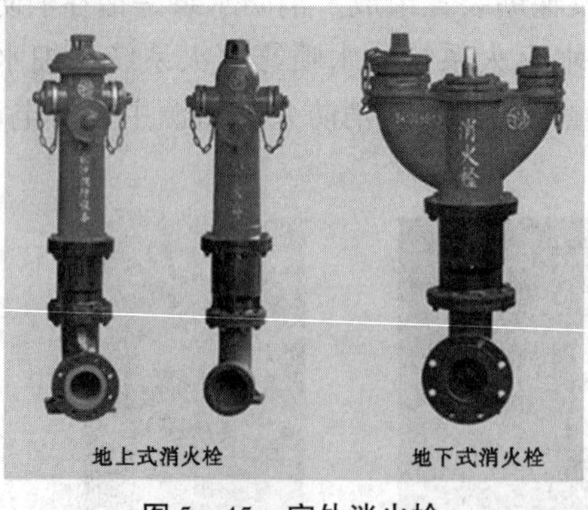

图 5－45　室外消火栓

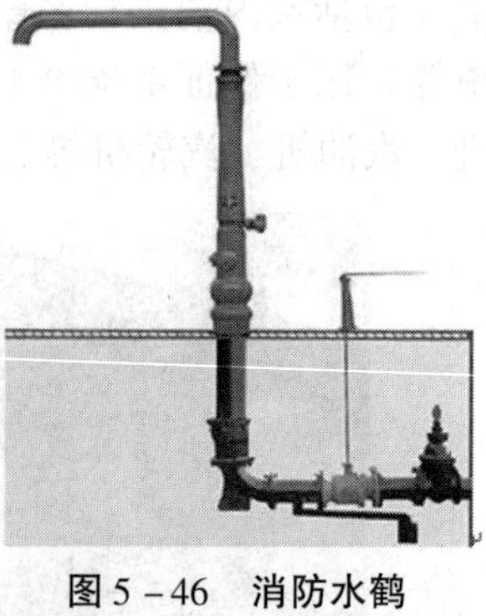

图 5－46　消防水鹤

（5）水泵接合器。发生火灾时，室内消防供水设施损坏或者消防供水能力不足时，消防车可以通过水泵接合器（见图 5－47）的接口与建筑物内的消防设备相连接，加压供水，保证灭火用水。消防水泵接合器按安装型式可分为地上式、地下式、墙壁式和多用式。

图 5 – 47　水泵接合器

（6）消防给水系统检查维护的主要内容有：

①每年应检查消防水池、消防水箱等蓄水设施的结构材料是否完好；每年对天然水源的常水位、枯水位、洪水位，以及枯水位流量或者蓄水量等进行一次检测；每年对水井等地下水消防水源的常水位、最低水位、最高水位和出水量等进行一次测定；每季度监测市政给水管网的压力和供水能力；每日对消防水池、高位消防水池（箱）等消防水源设施的水位等进行一次巡查；冬季每天要对消防储水设施进行室内温度和水温检测，当结冰或者室内温度低于5℃时，要采取确保不结冰和室温不低于5℃的措施；天然水源消防取水口有防止水生生物繁殖的管理技术措施。供消防车取水的消防水池、天然水源应当设置消防车通道，保证消防车吸水高度不大于6米。

②消防水泵组及增（稳）压设备。每季度应对消防水泵的出流量和压力进行一次试验；每月手动启动消防水泵运转一次，检查供电电源的情况；每月对气压水罐的压力和有效容积等进行一次检测；每周模拟消防水泵自动控制的条件自动启动消防水泵运转一次，记录自动巡检情况；每日对稳压泵的停泵、启泵压力和启泵次数等进行检查和记录运行情况；每日对柴油机消防水泵的启动电池的电量进行检测，每周检查储油箱的储油量，每月手动启动柴油机消防水泵运行一次。消防泵房地面应当干燥，通风良好，无水渍，设置消防泵操作规程，甲级防火门完好。消防水泵控制箱处于自动启动位置，消防电源供电正常。

③给水管网。每季度对室外阀门井中进水管上的控制阀门进行一次检查，并应核实其处于全开启状态；每季度对系统所有的末端试水阀和报警阀的放水试验阀进行一次放水试验，并应检查系统启动、报警功能以及出水情况是否正常；控制阀门均应采用铅封或者锁链固定在开启或者规定的状态，每月应对铅封、锁链进行一次检查；每月对电动阀和电磁阀的供电和启闭性能进行检测；每日对水源控制阀进行外观检查，并应保证系统处于无故障状态。消防水泵设置标志标明系统类型；消防架空管道外刷红色油漆或者涂红色环圈标志，并注明管道系统类型和水流方向标志。特别注意设备或者管道维修需要关闭阀门的，维修完毕后要确认阀门恢复正常开启状态。

④消防给水及消火栓系统应使系统处于随时满足消防需求状态。室外消火栓特别是地下式消火栓应有明显的永久标志（见图5 – 48），距离路边不宜小于0.5米不应大于2米，距建筑物外墙不宜小于5米，供消防车使用的取水口应朝向道路。每周对室外消火栓进行一次外观和漏水检查，发现有不正常的消火栓应及时维修或

者更换，油漆脱落或者有锈蚀的要及时刷漆修复。每年进行一次出水试验，连接水带检查管网压力。消防给水及消火栓系统发生故障，需停水进行修理前，应向主管值班人员报告，并应取得维护负责人的同意，同时应临场监督，应在采取防范措施后再动工，维修完毕后恢复原状。位于绿化带内的室外消火栓周围有绿化植物的不得影响正常使用，2 米范围内可种草皮，不应种乔木及灌木；室外消火栓 5 米范围内不得设置停车位，不得有埋压、圈占等行为。配备地上式、地下式消火栓扳手。

图 5－48　室外消火栓标志

⑤水泵接合器应设置明显的耐久性指示标志，当系统采用分区或者对不同系统供水时，必须标明水泵接合器的供水区域及系统区别的永久性固定标志（见图 5－49）；地下消防水泵接合器应采用铸有“消防水泵接合器”标志的铸铁井盖，并在附近设置指示其位置的永久性固定标志；每月应对消防水泵接合器的接口及附件进行一次检查，并应保证接口完好、无渗漏、闷盖齐全。系统发生故障，需修理前应向主管值班人员报告，并应取得维护负责人的同意，同时应临场监督，应在采取防范措施后再动工。位于绿化带内的消防水泵接合器周围有绿化植物的不得影响正常使用，2 米范围内可种草皮，不应种乔木及灌木；5 米范围内不得设置停车位，不得有埋压、圈占等行为。

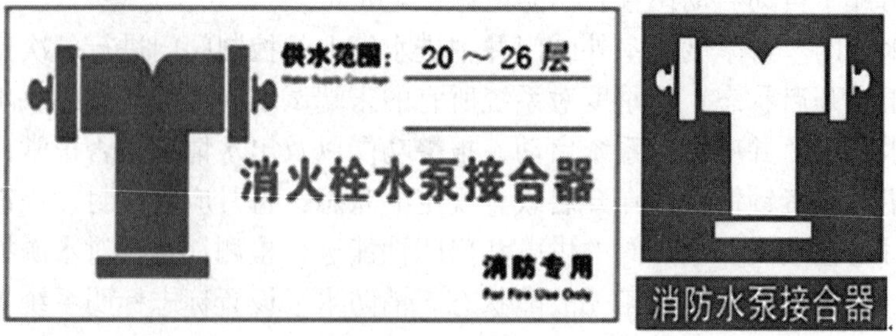

图 5－49　水泵接合器标志

2. 室内消火栓。室内消火栓系统（见图 5－50）是由消防供水设施、室内消火栓、水带、水枪、配水管网和阀门等组成的系统。室内消火栓（见图 5－51）是室内管网向火场供水的带有阀门的接口，通常安装在消火栓箱内，与消防水带和水枪等器材配套使用。有的消火栓箱内还设有消防软管卷盘，消防软管卷盘（见图 5－52）由阀门、软管、喷枪等组成的，并能在迅速展开软管的过程中喷射灭火剂的灭火器具。按照建筑室内给水方式室内消火栓给水系统分为无水箱、无水泵室内消火栓给水系统、设水箱不设水泵的消火栓给水系统和设有消防泵和消防水箱的室内消火栓给水系统。

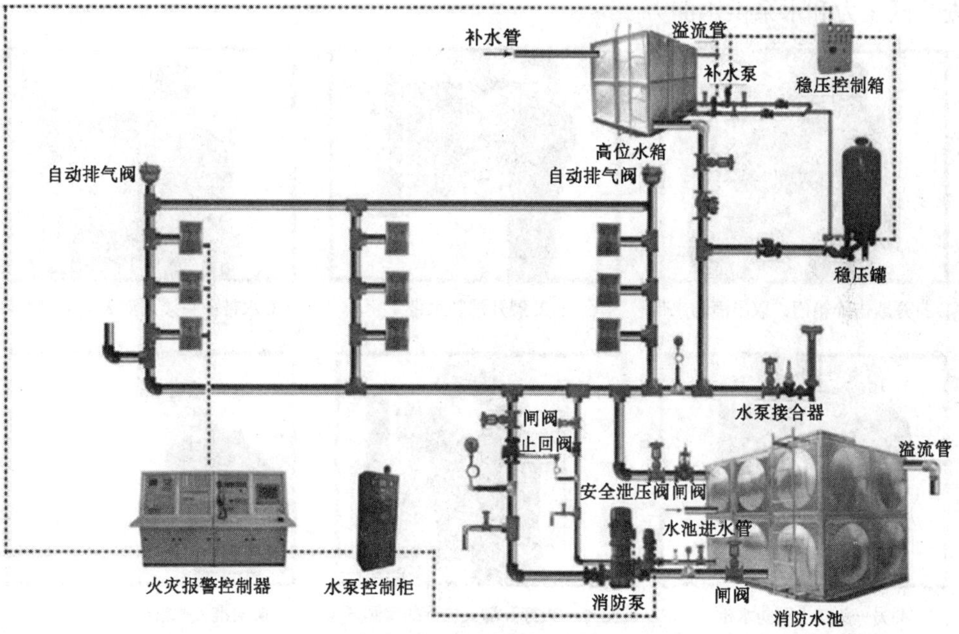

图5－50　室内消火栓系统

图5－51　室内消火栓箱

图5－52　消防卷盘

（1）日常检查维护。消防给水及消火栓系统应使系统处于随时满足消防需求状态。室内消火栓周围0.5米范围内不得放置影响消火栓使用的物品，建筑内部消火栓箱门不应被装饰物遮掩，消火栓箱门四周的装修材料颜色应与消火栓箱门的颜色有明显区别或者在消火栓箱门表面设置发光标志。室内消火栓要设置使用方法标识（见图5－53），每周检查外观是否正常、是否漏水；配件要齐全完好，注意水带是否老化、破损，是否被挪用；消火栓箱门开关灵活、无卡阻，消火栓箱内不得有杂物；水带卷置方法正确，同一建筑物配置的水带为同一型号，水带与接口扎接牢固；消火栓栓口设有旋转功能的转动要灵活，不具有旋转功能的栓口向下或者与墙面垂直；试验消火栓用消火栓压力表正常，冬季防冻措施有效；消防卷盘软管无老化开裂、开关灵活、卷盘转动灵活无卡阻；每年进行一次出水试验，连接水带检查管网压力和水泵供水能力。

1. 打开或击碎箱门，取出消防水带

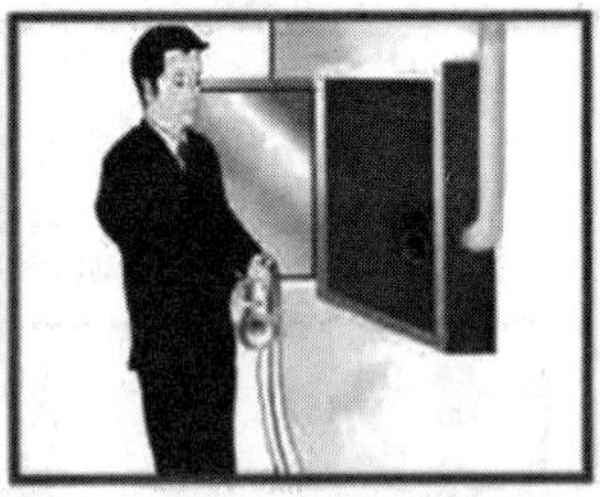
2. 展开消防水带

3. 水带一头接到消火栓接口上

4. 另一头接上消防水枪

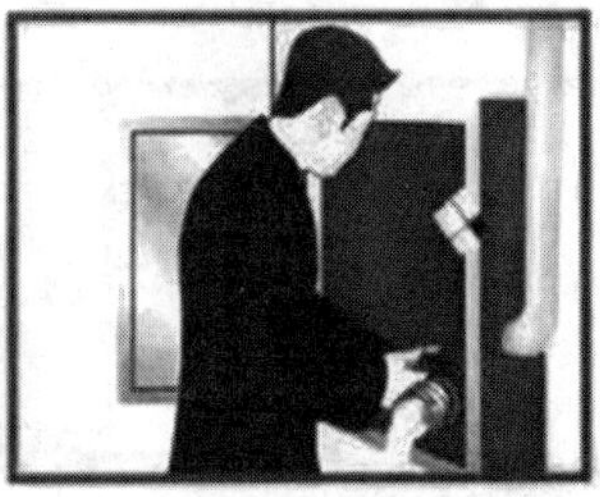
5. 另外一人打开消火栓上的水阀开头

6. 对准火源根部，进行灭火

图 5－53　室内消火栓使用图示

（2）水带卷置方式。消火栓箱水带放置方式可分为挂置式、盘卷式、卷置式及托架式。常用的是卷置式（见图 5－54），把水带拉直伸平后从中间偏半米左右叠放，两端接口一个在上、一个在下，下面接口与上面接口距离约半米，然后从水带中间折叠部位开始卷，卷成圆饼状即可。使用时将一端接口与消火栓接口相连，另一端接口接水枪，直接拉出打开消火栓阀门即可使用。需要注意的是，从一端卷起，一个接口在正中间的卷法，在使用时易扭曲弯折不利于快速使用，故此种卷置方法属于错误卷置。部分消防水带在运输时用绳绑扎，安装后要将绑扎绳去掉。

正确卷置方法

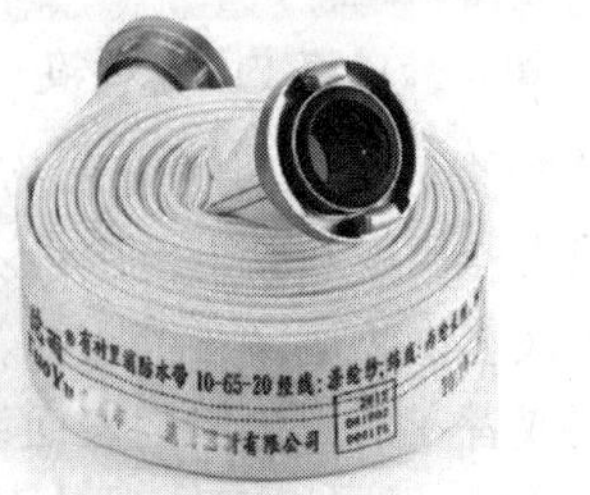
错误卷置方法

图 5－54　消防水带卷置方法

（3）使用消火栓或者消防卷盘灭火时注意喷水区域不能带电灭火，必须保证断电的情况下实施喷水灭火，使用水带、水枪灭火时要注意水压力变化引起的后坐力变化，防止受伤。

3. 自动喷水灭火系统。自动喷水灭火系统（见图5－55）是由洒水喷头（见图5－56）、报警阀组（见图5－57）、水流报警装置（水流指示器或者压力开关）等组件，以及管道、供水设施组成，并能在发生火灾时喷水的自动灭火系统。工作原理是火灾发生的初期，起火部位处的温度不断上升，当温度上升到闭式喷头温感元件爆破或者熔化脱落时，喷头即自动喷水灭火。自动喷水灭火系统具有安全可靠、经济实用、灭火控火效率高等优点。依照采用的喷头自动喷水灭火系统可分为两类：一是采用闭式洒水喷头的为闭式系统，主要有湿式系统、干式系统、预作用系统等，最低温度不低于4℃的环境可选用湿式系统，最低温度低于4℃的环境可选用干式系统和预作用系统；二是采用开式洒水喷头的为开式系统，主要有雨淋系统、水幕系统和自动喷水—泡沫联用系统。

自动喷水灭火系统需要具备专门资质的专业技术人员定期检测维护，日常使用运行过程中需要每日对消防水池、水箱水位、水量进行检查，冬季是否结冰；对喷头外观、喷头感温元件是否有异物涂覆、是否有阻挡物进行检查，特别是装修时可能将油漆、涂料涂敷到感温元件上影响喷头动作，吊顶下安装的喷头可能因吊顶下垂影响喷水，展柜装修、隔断、货物、悬挂异物可能影响喷头水流分布的要增加喷头或者移除障碍物；对供水阀组、压力表进行检查，阀门是否处于开启状态，压力表显示压力是否正常；查看末端试水装置（见图5－58）组件是否完整，标志是否醒目、完整；打开试验阀，检查排水系统是否畅通，观察压力表读数是否不低于0.05MPa。

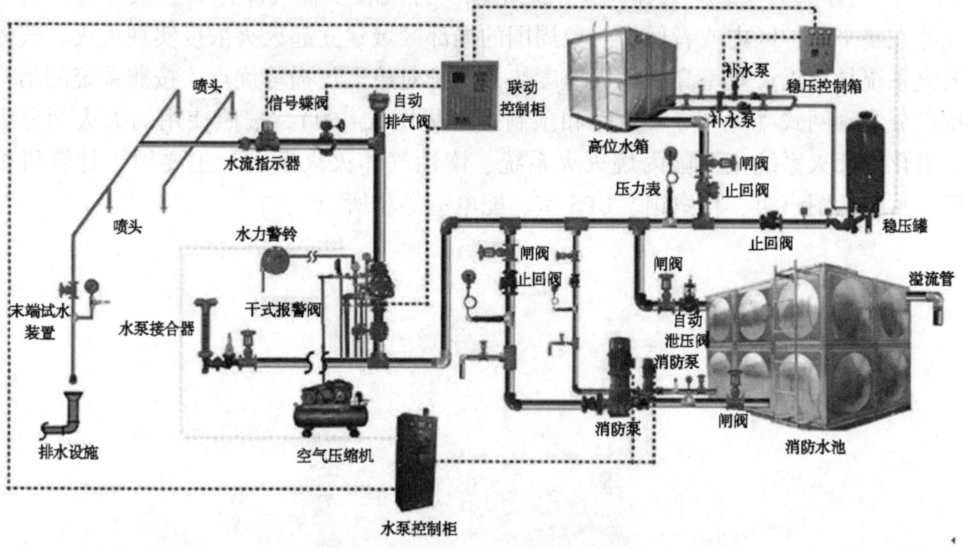

图5－55　自动喷水灭火系统

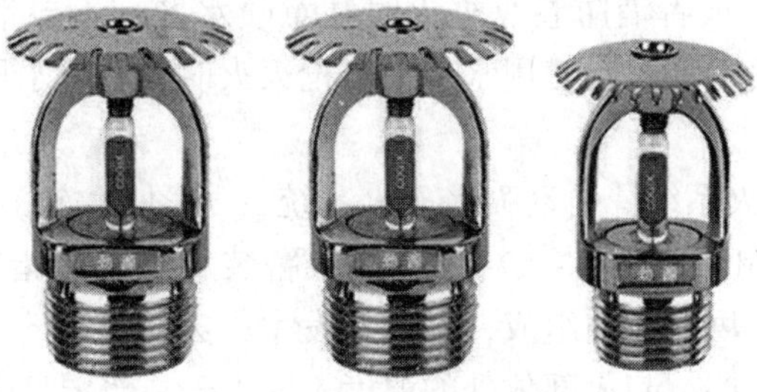

图 5－56　洒水喷头

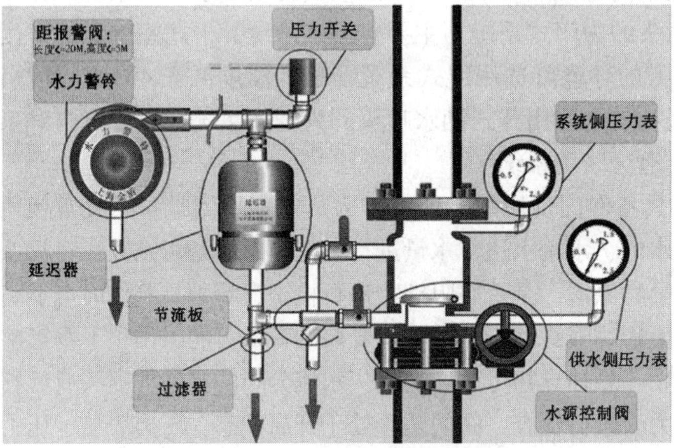

图 5－57　报警阀组示意图

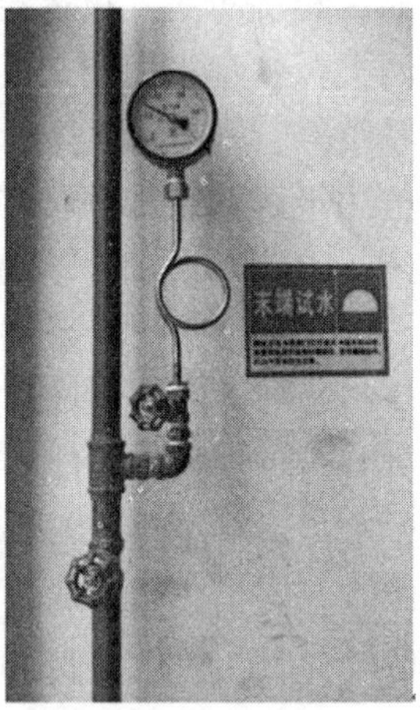

图 5－58　末端试水装置

4. 气体灭火系统。气体灭火系统是以一种或者多种气体作为灭火介质，通过气体在整个防护区内或者保护对象周围的局部区域建立起灭火浓度实现灭火。气体灭火系统具有灭火效率高、灭火速度快、保护对象无污损等优点。按照系统的结构特点分为管网式（见图 5－59）和预制式（见图 5－60），按照使用的灭火剂分为二氧化碳灭火系统、七氟丙烷灭火系统、惰性气体灭火系统。主要用于计算机机房、重要的图书馆、档案馆、UPS 室、配电室等场所。

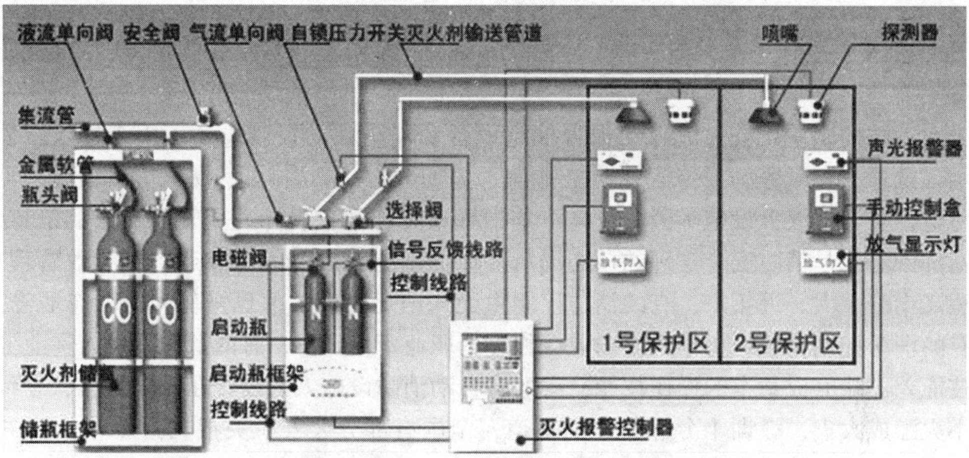

图 5－59 管网式气体灭火系统

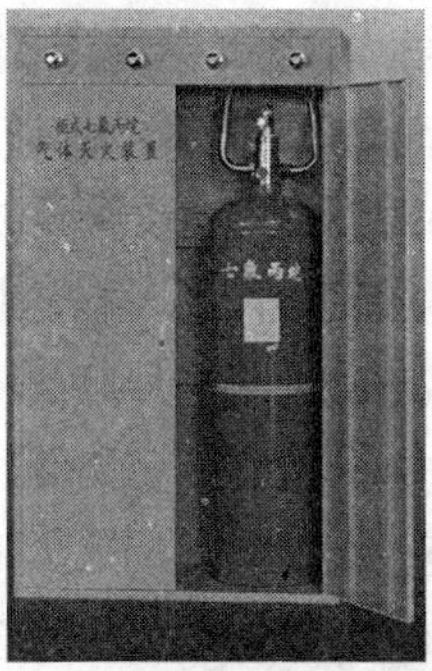

图 5－60 预制式气体灭火系统

图 5－61 紧急启/停按钮

当满足系统设置的启动条件时，控制系统会经过 30 秒延时，保护区内外的声光报警器启动，提示在场人员需要在 30 秒之内撤离。当声光报警器发出声光报警时，在场人员必须立即撤离系统保护区。如果系统保护区内确定并没有火灾发生时（自动控制系统误动作），可以立即按下保护区外面紧急停止按钮（见图 5－61）撤销灭火程序。如果在场人员发现火灾发生，需要立即启动气体灭火系统时，可按下紧急启动按钮启动气体灭火系统。

每日对系统组件外观、现场运行状态、系统检测装置工作状态、安装部位环境条件进行检查，检查喷嘴周围是否有阻碍气体喷放的障碍物、管道有无松动、变形，连接管有无变形、裂纹及老化，气瓶压力、重量、温度是否在规定范围内等。定期维护保养应当由生产厂家或者具有消防设施维护保养检测资质的单位实施。

第三节　消防控制室值班管理

消防控制室设有火灾自动报警控制设备和消防联动控制设备，用于接收、显示、处理火灾预警、报警信号，控制消防应急广播、防烟排烟、防火分隔设施、消防电梯、自动灭火设施等消防设施，是指挥火灾扑救，引导人员安全疏散的信息、指挥中心，是消防安全管理的核心场所。保障消防控制室的可靠运行和有效管理，意义十分重大。近年来，有的消防控制室无人值班，有的值班操作人员玩忽职守，有的消防控制室值班操作人员未取得相应的职业资格证书，有的值班操作人员业务技能差不能完成基本的操作技能，有的将自动消防设施人为设置在手动状态，导致小火酿成大灾，教训十分深刻。据报道，全国有部分公安机关根据《中华人民共和国消防法》第六十四条第（一）项的规定，指使或者强令他人违反消防安全规定，冒险作业的，尚不构成犯罪的，处十日以上十五日以下拘留，可以并处五百元以下罚款；情节较轻的，处警告或者五百元以下罚款。对安排未取得相应职业资格证书的消防控制室值班操作人员上岗的责任人员处以行政拘留处罚。

2013 年 10 月 11 日凌晨 2 时许，位于北京市石景山区苹果园南路 13 号喜隆多购物中心的麦当劳杨庄餐厅内，因甜品操作间里电动自行车蓄电池在充电过程中发生故障，引起喜隆多购物中心发生火灾。经调查过火面积 3800 余平方米，直接财产损失估算 1308.42 万元，灭火过程中造成两名消防警官牺牲。消防控制室值班操作人员刘某在发现中控主机报警时按消音键了事，发现火灾报警后，未及时将消防设施从手动转换为自动状态，延误灭火时机。喜隆多购物中心负责人及消防安全管理人齐某，长期安排消防控制室夜间一人值班造成安全隐患，没有对夜值经理及消防控制室值班操作人员进行消防培训，致使相关工作人员在发现火灾后配合失当，不能有效应对。石景山区人民法院根据事实、性质、情节和对社会的危害程度，判决均构成重大责任事故罪，判处刘某有期徒刑 3 年 6 个月，齐某有期徒刑 2 年。

2017 年 6 月 22 日，浙江省杭州市上城区鲲鹏路蓝色钱江小区 2 幢 1 单元 1802 室因人为纵火发生火灾，造成 4 人死亡。据报道，初步调查确定物业的消防管理存在不足：一是物业消防安全管理落实不到位。物业管理单位未按规定严格落实巡查制度，事后有关人员补填部分消防器材检查记录表；消防车道被绿化覆盖，影响消防车辆通行、停放；火灾发生时，消防控制室值班人员中有一人未取得建（构）筑物消防员职业资格证书，属无证上岗；火灾发生时，水泵房的消火栓泵控制开关未处于自动状态。室内消火栓箱门用大理石装饰包裹，部分开启不便。二是物业管理单位应急处置能力不足。火灾发生后，消防控制室值班人员对消火栓泵控制开关处于手动状态不掌握，5 时 7 分确认火警后未及时启动消火栓泵；5 时 40 分现场消防员按下消火栓按钮后，消火栓泵仍未启动；5 时 44 分，消防控制室值班人员接到物业负责人通知后启动消火栓泵。工程部值班人员处置不及时，5 时 10 分物业负责人通知工程部值班人员，要求查看消防水泵运行情况，工程部值班人员于5时36分到达水泵房，将消火栓泵控制开关转为自动状态，未启动消火栓泵。

一、消防控制室设置

消防控制室的设置应符合下列规定：

1. 单独建造的消防控制室，其耐火等级不应低于二级。附设在建筑内的消防控制室，宜设置在建筑内首层或地下一层，并宜布置在靠外墙部位。不应设置在电磁场干扰较强及其他可能影响消防控制设备正常工作的房间附近。

2. 消防控制室内设置的消防设备应包括火灾报警控制器、消防联动控制器、消防控制室图形显示装置、消防专用电话总机、消防应急广播控制装置、消防应急照明和疏散指示系统控制装置、消防电源监控器等设备或具有相应功能的组合设备。

3. 消防控制室内设备的布置应符合下列规定：设备面盘前的操作距离，单列布置时不应小于1.5m；双列布置时不应小于2m。在值班人员经常工作的一面，设备面盘至墙的距离不应小于3m。设备面盘后的维修距离不宜小于1m。设备面盘的排列长度大于4m时，其两端应设置宽度不小于1m的通道。与其他弱电系统合用的消防控制室，消防设备应集中设置，并应与其他设备间有明显间隔。

4. 消防控制室疏散门应直通室外或安全出口，消防控制室应采取防水淹的技术措施。消防控制室入口应当设置明显的标志标识。

5. 消防控制室应设置用于火灾报警的外线电话，宜设置视频监控设备。

二、消防控制室资料

消防控制室内应保存下列纸质和电子档案资料：

1. 建筑物竣工后的总平面布局图、建筑消防设施平面布置图、建筑消防设施系统图及安全出口布置图、重点部位位置图、消防车通道、消防车登高操作场地布置图等。由物业建设单位或业主委员会提供。

2. 消防安全管理规章制度、灭火和应急疏散预案等。

3. 消防安全组织结构图，包括消防安全责任人、管理人，专职、志愿消防人员，微型消防站等内容。

4. 消防安全培训记录、灭火和应急疏散预案的演练记录。

5. 值班情况、消防安全检查情况及防火巡查情况的记录。

6. 消防设施器材情况表，包括消防设施的类型、数量、状态等内容（见表5-3），由物业建设单位或业主委员会提供。

表 5－3　消防设施器材情况表

序号	名称		内容
1	基本情况		单位名称、编号、类别、地址、联系电话、邮政编码、消防控制室电话；单位职工人数、成立时间、上级主管（或管辖）单位名称、占地面积、总建筑面积、单位总平面图（含消防车道、毗邻建筑等）；单位法人代表，消防安全责任人，消防安全管理人及专兼职消防管理人的姓名、身份证号码、电话
2	主要建（构）筑物等信息	建（构）筑物	建筑物名称、编号、使用性质、耐火等级、结构类型、建筑高度、地上层数及建筑面积、地下层数及建筑面积、隧道长度及长度等，建造日期、主要储存物名称及数量、建筑物内最大容纳人数、建筑立面图及消防设施平面布置图；消防控制室位置，安全出口的数量、位置及形式（指疏散楼梯）；毗邻建筑的使用性质、结构类型、建筑高度、与本建筑的间距
		堆场	堆场名称、主要堆放物品名称、总储量、最大堆高、堆场平面图（含消防车道、防火间距）
		储罐	储罐区名称、储罐类型（指地上、地下、立式、卧式、浮顶、固定顶等）、总容积、最大单罐容积及高度、储存物名称、性质和形态、储罐区平面图（含消防车道、防火间距）
		装置	装置区名称、占地面积、最大高度、设计日产量、主要原料、主要产品、装置区平面图（含消防车道、防火间距）
3	单位（场所）内消防安全重点部位信息		重点部位名称、所在位置、使用性质、建筑面积、耐火等级、有无消防设施、责任人姓名、身份证号码及电话

（续表）

序号	名称		内容
4	室内外消防设施信息	火灾自动报警系统	设置部位、系统形式、维保单位名称、联系电话；控制器（含火灾报警、消防联动、可燃气体报警、电气火灾监控等）、探测器（含火灾探测、可燃气体探测、电气火灾探测等）、手动报警按钮、消防电气控制装置等的类型、型号、数量、制造商；火灾自动报警系统图
		消防水源	市政给水管网形式（环状、支状）及管径、市政管网向建（构）筑物供水的进水管数量及管径、消防水池位置及容量、屋顶水箱位置及容量、其他水源形式及供水量、消防泵房设置位置及水泵数量、消防给水系统平面布置图
		室外消火栓	室外消火栓管网形式（环状、支状）及管径、消火栓数量、室外消火栓平面布置图
		室内消火栓系统	室内消火栓管网形式（指环状、支状）及管径、消火栓数量、水泵接合器位置及数量、有无与本系统相连的屋顶消防水箱
		自动喷水灭火系统（含雨淋、水幕）	设置部位、系统形式（湿式、干式、预作用，开式、闭式等）、报警位置及数量、水泵接合器位置及数量、有无与本系统相连的屋顶消防水箱、自动喷水灭火系统图
		水喷雾（细水雾）灭火系统	设置部位、报警阀位置及数量、水喷雾（细水雾）灭火系统图
		气体灭火系统	系统形式（有管网、无管网，组合分配、独立式，高压、低压等）、系统保护的防护区数量及位置、手动控制装置的位置、钢瓶间位置、灭火剂类型、气体灭火系统图
		泡沫灭火系统	设置部位、泡沫种类（低倍、中倍、高倍，抗溶、氟蛋白等）、系统形式（液上、液下，固定、半固定等）、泡沫灭火系统图
		干粉灭火系统	设置部位、干粉储罐位置、干粉灭火系统图
		防烟排烟系统	设置部位、风机安装位置、风机数量、风机类型、防烟排烟系统图
		防火门及防火卷帘	设置部位、数量
		消防应急广播	设置部位、数量、消防应急广播系统图
		应急照明和疏散指示系统	设置部位、数量、应急照明和疏散指示系统图
		消防电源	设置部位、消防主电源在配电室是否有独立配电柜供电、备用电源形式（市电、发电机、EPS 等）
		灭火器	设置部位、配置类型（手提式、推车式等）、数量、生产日期、更换药剂日期

（续表）

<table>
<tr><th>序号</th><th colspan="2">名称</th><th>内容</th></tr>
<tr><td>5</td><td colspan="2">消防设施定期检查及维护保养信息</td><td>检查人姓名、检查日期、检查类别（日检、月检、季检、年检等）、检查内容（各类消防设施相关技术规范规定的内容）及处理结果，维护保养日期、内容</td></tr>
<tr><td rowspan="5">6</td><td rowspan="5">日常防火巡查记录</td><td>基本信息</td><td>值班人员姓名、每日巡查次数、巡查时间、巡查部位</td></tr>
<tr><td>用火用电</td><td>用火、用电、用气有无违章情况</td></tr>
<tr><td>疏散通道</td><td>安全出口、疏散通道、疏散楼梯是否畅通，是否堆放可燃物；疏散走道、疏散楼梯、顶棚装修材料是否合格</td></tr>
<tr><td>防火门、防火卷帘</td><td>常闭防火门是否处于正常工作状态，是否被锁闭；防火卷帘是否处于正常工作状态，防火卷帘下方是否堆放物品影响使用</td></tr>
<tr><td>消防设施</td><td>疏散指示标志、应急照明是否处于正常完好状态；火灾自动报警系统探测器是否处于正常完好状态；自动喷水灭火系统喷头、末端放（试）水装置、报警阀是否处于正常完好状态；室内、室外消火栓系统是否处于正常完好状态；灭火器是否处于正常完好状态</td></tr>
<tr><td>7</td><td colspan="2">火灾信息</td><td>起火时间、起火部位、起火原因、报警方式（自动、人工等）、灭火方式（气体、喷水、水喷雾、泡沫、干粉灭火系统，灭火器，消防队等）</td></tr>
</table>

7. 消防系统控制逻辑关系说明、设备使用说明书、系统操作规程、系统和设备维护保养制度等。主要包括火灾报警控制器开关机、自检、消音、误报火警、火警、故障等处置操作规程，消防联动控制器消防事故广播、消防水泵、防烟排烟机、防火卷帘、消防电梯、疏散指示标志、应急照明、自动灭火设施等操作规程，现场操作消防水泵、防烟排烟机、防火卷帘、自动灭火设施等操作规程。由物业建设单位或业主委员会提供，应当由消防设施施工安装单位编制。

8. 设备运行状况、接报警记录、火灾处理情况、设备检修检测报告等资料，资料应能定期保存和归档。

三、消防控制室制度

消防控制室应当建立健全消防控制室管理制度、消防控制室值班制度、消防设施维护保养制度，明确消防控制室值班操作人员职责，消防控制室值班要求、消防控制室火警处置程序，以上内容应当制成版面悬挂。

（一）消防控制室管理制度

1．消防控制室值班操作人员按照国家规定取得消防行业特有工种职业资格证并持证上岗，严格遵守消防控制室的各项安全操作规程和各项消防安全管理制度。

2．报警联动控制设备需要设置在手动状态时，应有火灾时能迅速将手动控制转换为自动控制的可靠措施。严禁将自动喷水灭火系统和联动控制的防火卷帘等防火分隔设施设置在手动控制状态。

3．消防控制室应当实行每日24小时专人值班制度，确保及时发现并准确处置火灾和故障报警。消防控制室值班人员每班不得少于2人，明确一人为负责人，负责自动消防系统的操作；另一人负责对火灾报警部位的核实、拨打火警电话、启动应急预案等紧急情况的处置。

4．消防控制室值班人员应按时上岗，并做好交接班工作，坚守岗位，尽职尽责，做好各项记录工作，不得脱岗、替岗、睡岗，严禁值班前饮酒或在值班时进行会客和娱乐活动，因确有特殊情况不能到岗的，应提前向单位主管领导请假，经批准后方可由具备资格的人员代替值班。

5．消防控制室值班人员须爱护消防控制室的设施，保持控制室内的卫生。认真做好报警设备检查，发生火灾信号处置、灭火操作设备检查和设备运行情况等各项登记、记录工作。消防控制室内设备发生故障，要立即逐级报告并组织维修。

6．消防控制室的入口处应设置明显的标志；消防控制室应设置一部可直接拨打119报警的固定电话、火灾事故应急照明、灭火器等消防器材，并配备相应的通信联络工具。

7．消防控制室内严禁存放易燃易爆危险物品和堆放与设备运行无关的物品或杂物，严禁与消防控制室无关的电气线路和管道穿过。

8．消防控制室设置明显标志，未经许可，非本岗位人员不得进入消防控制室，严禁吸烟或动用明火。

9．消防控制室内设置总平面布置图、消防器材分布图、消防设施操作规程。对建筑消防设施要定期检查、测试和保养，保证消防系统全时制、全方位、全功能地安全运转及其设备功能作用的充分发挥。

（二）消防控制室值班制度

1．消防控制室配备专人24小时值班，每班不少于2人。上岗前必须按规定着装，检查仪容仪表，精神面貌良好。接班人员必须提前15分钟到达本岗位，做好交接准备。

2．接班人员未到，当班人员不得离岗，应及时向有关领导汇报，请示处理办法。如遇到突发事件等特殊情况，接班者应协助交班者对事件进行处理，待事件处理完成后，再进行交接班。

3. 消防控制室值班操作人员应按照国家规定取得消防行业特有工种职业资格证并持证上岗，职业资格证书应当存放在消防控制室备查。

4. 值班期间必须坚守岗位，不准聊天、打私人电话，不准在消防控制室内会客，严禁脱岗、睡岗和酒后上岗。

5. 认真落实消防设备巡查、火灾警报处理、灭火设备检查等记录制度，严密监视设备运行状况，遇有重大情况要及时报告。值班操作人员必须在记录本上填写好设备运行、巡检等情况，并要求字迹清楚，记录齐全，同一班次值班人员同时签名。

6. 严禁擅自关闭火灾自动报警、灭火系统，切断消防电源。

（三）消防控制室值班操作人员岗位职责

1. 消防控制室值班操作人员必须按照国家规定持证上岗，认真学习业务知识，掌握设施操作、维护保养技能，能熟练操作建筑消防设施。

2. 消防控制室值班操作人员必须熟练掌握火警处置程序，掌握消防设施操作方法。

3. 消防控制室值班操作人员必须坚守岗位，做到24小时不间断值班，值班期间每2小时记录一次消防设备的运行情况，及时记录消防设备的火警或故障及处理情况（见表5-4）。

表 5－4　消防控制室值班记录表

序号：

火灾报警控制器运行情况							报警、故障部位、原因及处理情况	控制室内其他消防系统运行情况					报警、故障部位、原因及处理情况	值班情况					
正常	故障	火警		故障报警	监管报警	漏报		消防系统及其相关设备名称	控制状态		运行状态			值班员		值班员		值班员	
		火警	误报						自动	手动	正常	故障		时段	~	时段	~	时段	~
														时间记录					

火灾报警控制器日检查情况记录	火灾报警控制器型号		检查内容					检查时间	检查人	故障及处理情况
			自检	消音	复位	主电源	备用电源			

对发现的问题应及时处理，当场不能处置的要填报《建筑消防设施故障维修记录表》，将处理记录表序号填入“故障及处理情况”栏。

注 1：交接班时，接班人员对火灾报警控制器进行日检后，如实填写火灾报警控制器日检查情况记录；值班期间按规定时限、异常情况出现时间如实填写运行情况栏内相应内容，填写时，在对应项目栏中打“√”；存在问题或故障的，在报警、故障部位、原因及处理情况栏中填写详细信息。

注 2：本表为样表，使用单位可根据火灾报警器数量、其他消防系统及相关设备数量及值班时段制表。

消防安全责任人或消防安全管理人（签字）：

4．消防控制室值班操作人员接到火警信号后，必须按照操作规程进行操作，负责向专业消防队报警，并向本单位有关人员报告。

5．消防控制室值班操作人员应定期测试、维护消防设施，做好记录，如有损坏，立即向有关人员报告进行维修，填写《建筑消防设施故障维修记录表》（见表5－5）。

表5－5　建筑消防设施故障维修记录表

序号：

故障情况				故障维修情况						故障排除确认
发现时间	发现人签名	故障部位	故障情况描述	是否停用系统	是否报消防部门备案	安全保护措施	维修时间	维修人员（单位）	维修方法	

注1：“故障情况”由值班、巡查、检测、灭火演练时的当事者如实填写。

注2：“故障维修情况”中因维修故障需要停用系统的由单位消防安全责任人在“是否停用系统”栏签字；停用系统超过24小时的，单位消防安全责任人在“是否报消防部门备案”及“安全保护措施”栏如实填写；其他信息由维护人员（单位）如实填写。

注3：“故障排除情况”由单位消防安全管理人在确认故障排除后如实填写并签字。

注4：本表为样表，单位可根据建筑消防设施实际情况制表。

6. 按照规定的时间、项目、内容进行巡查，填写《建筑消防设施巡查记录表》（见表5－6）。

表5－6 建筑消防设施巡查记录表

检查项目	检查内容	检查情况					
		部位	数量	正常	故障及处理		
					故障描述	当场处理情况	报修情况
消防供配电设施	消防电源主电源、备用电源工作状态						
	发电机启动装置外观及工作状态、发电机燃料储量、储油间环境						
	消防配电房、UPS电池室、发电机房环境						
	消防设备末端配电箱切换装置工作状态						
火灾自动报警系统	火灾报警探测器、手动报警按钮、信号输入模块、输出模块外观及运行状态						
	火灾报警控制器、火灾显示盘、CRT图形显示器运行状况						
	消防联动控制器外观和运行状况						
	火灾警报装置外观						
	建筑消防设施远程监控、信息显示、信息传输装置外观及运行情况						
	系统接地装置外观						
	消防控制室工作环境						
电气火灾监控系统	电气火灾监控探测器的外观及工作状态						
	报警主机外观及运行状态						
可燃气体探测报警系统	可燃气体探测器的外观及工作状态						
	报警主机外观及运行状态						

（续表）

检查项目	检查内容	检查情况					
		部位	数量	正常	故障及处理		
					故障描述	当场处理情况	报修情况
消防供水设施	消防水池、消防水箱外观，液位显示装置外观及运行情况，天然水源水位、水量、水质情况，进户管外观						
	消防水泵及控制柜工作状态						
	稳压泵、增压泵、气压水罐及控制柜工作状态						
	水泵接合器外观、标识						
	系统减压、泄压装置、测试装置、压力表等外观及运行情况						
	管网控制阀门启闭状态						
	泵房照明、排水等工作环境						
消火栓（消防炮）灭火系统	室内消火栓、消防卷盘外观及配件完整情况						
	屋顶试验消火栓外观及配件完整情况压力显示装置外观及状态显示						
	室外消火栓外观、地下消火栓标识、栓井环境						
	消防炮、炮塔、现场火灾探测器控制装置、回旋装置等外观及周边环境						
	启泵按钮外观						
自动喷水灭火系统	喷头外观及距周边障碍物或保护对象的距离						
	报警阀组外观、试验阀门状况、排水设施状况、压力显示值						
	充气设备及控制装置、排气设备及控制装置、火灾探测传动及现场手动控制装置外挂及运行情况						
	楼层或区域末端试验阀门处压力值及现场环境，系统末端试验装置外观及现场环境						

（续表）

检查项目	检查内容	检查情况					
		部位	数量	正常	故障及处理		
					故障描述	当场处理情况	报修情况
泡沫灭火系统	泡沫喷头外观及距周边障碍物或保护对象距离						
	泡沫消火、泡沫炮、泡沫产生器、泡沫比例混合器外观						
	泡沫液贮罐外观及罐间距离，泡沫液有效期及储存量						
	控制阀门外观、标识，管道外观、标识						
	火灾探测器传动控制、现场手动控制装置外观、运行状况						
	泡沫泵及控制柜外观及运行状况						
	冷却水系统的巡查						
气体灭火系统	气体灭火控制器外观、工作状态						
	储瓶间环境，气体瓶组或储罐外观，检漏装置外观、运行状况						
	容器阀、选择阀、驱动装置等组件外观						
	紧急启/停按钮外观，喷嘴外观、防护区状况						
	预置灭火装置外观、设置位置、控制装置外观及运行状况						
	放气指示灯及警报器外观						
	低压二氧化碳系统制冷装置、控制装置、安全阀等组件外观、运行状况						

（续表）

检查项目	检查内容	检查情况					
		部位	数量	正常	故障及处理		
					故障描述	当场处理情况	报修情况
防烟、排烟系统	送风阀外观						
	送风机及控制柜外观及工作状态						
	挡烟垂壁及其控制装置外观及工作状况、排烟阀及其控制装置外观						
	电动排烟窗、自动排烟设施外观						
	排烟机及控制柜外观及工作状况						
	送风、排烟机房环境						
应急照明和疏散指示标志	应急灯具外观、工作状态						
	疏散指示标志外观、工作状态						
	集中供电型应急照明灯具、疏散指示标志灯外观、工作状态，集中电源工作状态						
	字母型应急照明灯具、疏散指示标志灯外观、工作状态						
应急广播系统	扬声器外观						
	功放、卡座、分配盘外观及工作状态						
消防专用电话	消防电话主机外观、工作状况						
	分级电话外观、电话插孔外观，插孔电话机外观						
防火分隔设施	防火窗外观及工作情况						
	防火门外观及配件完整性，防火门启闭状况及周围环境						
	电动型防火门控制装置外观及工作状况						
	防火卷帘外观及配件完整性，防火卷帘控制装置外观及工作状况						
	防火墙外观、防火阀外观及工作状况						
	防火封堵外观						

（续表）

检查项目	检查内容	检查情况					
		部位	数量	正常	故障及处理		
					故障描述	当场处理情况	报修情况
消防电梯	紧急按钮外观，轿厢内电话外观						
	电梯井排水设施外观及工作状况						
	消防电梯工作状况						
细水雾灭火系统	灭火控制器工作状态						
	储气瓶和储水瓶（或储水罐）外观、工作环境						
	高压泵组，稳压泵外观及工作状态，末端试水装置压力值（闭式系统）						
	紧急启/停按钮、释放指示灯、报警器、喷头、分区控制阀等组件外观						
	防护区状况						
干粉灭火器	灭火控制器工作状态						
	设备储存间环境、驱动气瓶和灭火剂储存装置外观						
	选择阀、驱动装置等组件外观						
	紧急启/停按钮、放气指示灯、报警器、喷嘴外观						
	防护区状况						
灭火器	灭火器外观						
	灭火器数量						
	灭火器压力表、维修指示						
	设置位置状况						
其他巡查内容	消防车道、疏散楼梯、疏散走道畅通情况，逃生自救设施配置及完好情况，消防安全标示使用情况，用火用电管理情况等						
巡查人（签名）		年　　月　　日					
消防安全责任人或消防安全管理人（签名）		年　　月　　日					

（续表）

<table>
<tr><th rowspan="3">检查项目</th><th rowspan="3">检查内容</th><th colspan="6">检查情况</th></tr>
<tr><th rowspan="2">部位</th><th rowspan="2">数量</th><th rowspan="2">正常</th><th colspan="3">故障及处理</th></tr>
<tr><th>故障描述</th><th>当场处理情况</th><th>报修情况</th></tr>
<tr><td>备注</td><td colspan="7"></td></tr>
<tr><td colspan="8">对发现的问题和故障应及时处理，当场不能处置的要填报《建筑消防设施故障维修记录表》。
注 1：情况正常的，在“正常”栏中打“√”；存在问题或故障的，在“故障及处理”栏中填写相应内容。
注 2：本表为样表，单位可根据建筑消防设施实际情况和巡查时间段分系统、分部位制表。</td></tr>
</table>

7. 完成其他工作任务。

（四）消防控制室管理要求

1. 应实行每日 24 小时专人值班制度，每班不应少于 2 人，值班人员应持有消防控制室操作职业资格证书。

2. 消防设施日常维护管理应符合 GB 25201 的要求。

3. 应确保火灾自动报警系统、灭火系统和其他联动控制设备处于正常工作状态，不得将应处于自动状态的设在手动状态。

4. 应确保高位消防水箱、消防水池、气压水罐等消防储水设施水量充足，确保消防泵出水管阀门、自动喷水灭火系统管道上的阀门常开；确保消防水泵、防排烟风机、防火卷帘等消防用电设备的配电柜启动开关处于自动位置（通电状态）。

5. 城市消防远程监控系统联网用户，应按照规定协议向监控中心发送消防设施运行状态信息和消防安全管理信息。

（五）消防控制室的值班应急程序

1. 接到火灾警报后，值班人员应立即以最快方式确认。

2. 确认属于误报时，查找误报原因并记录，及时消除诱发误报因素。

3. 火灾确认后，值班人员应立即确认火灾报警联动控制开关处于自动状态（处于自动状态的除外），同时拨打 119 报警电话，报警时应说明着火单位地点、起火部位、着火物种类、火势大小、有无人员被困、报警人姓名和联系电话。

4. 值班人员应立即启动单位内部应急疏散和灭火预案，并同时报告单位负责人。

练习题

一、选择题

1. 建筑内部的防火分隔设施有（　　）。

A. 防火墙　B. 防火隔墙　C. 防火门、窗　D. 防火卷帘　E. 防火水幕

2. 安装在排烟管道的防火阀动作温度为（　　）。

A. 70℃　B. 150℃　C. 280℃　D. 68℃

3. 火灾预警系统主要包括（　　）。

A. 一氧化碳探测报警设施　B. 天然气探测报警设施

C. 电气火灾监控系统　D. 闭式洒水喷头

4. 火灾自动报警系统按照功能分为（　　）。

A. 区域报警系统　B. 集中报警系统

C. 控制中心报警系统　D. 消防控制室报警系统

5. 火灾自动报警系统按照探测火灾特征参数的不同分为（　　）。

A. 感烟火灾探测器　B. 感温火灾探测器

C. 感光火灾探测器　D. 复合火灾探测器

E. 气体火灾探测器

6. 家具发生火灾可以选用的灭火器是（　　）。

A. 水型灭火器　B. 磷酸铵盐干粉灭火器

C. 泡沫灭火器　D. 二氧化碳灭火器

7. 消防控制室的值班应急程序包括（　　）。

A. 接到火灾警报后，值班人员应立即以最快方式确认

B. 确认属于误报时，查找误报原因并记录，及时消除诱发误报因素

C. 火灾确认后，值班人员应立即确认火灾报警联动控制开关处于自动状态（处于自动状态的除外），同时拨打 119 报警电话，报警时应说明着火单位地点、起火部位、着火物种类、火势大小、有无人员被困、报警人姓名和联系电话

D. 值班人员应立即启动单位内部应急疏散和灭火预案，并同时报告单位负责人

8. 冬季温度经常低于 4℃的车库可以选用的闭式自动喷水灭火系统的类型有（　　）。

A. 干式系统　B. 湿式系统

C. 预作用系统　D. 雨淋系统

9. 天然气发生火灾可以选用的灭火器是（　　）。

A. 磷酸铵盐干粉灭火器　B. 碳酸氢钠干粉灭火器

C. 二氧化碳灭火器　D. 泡沫灭火器

10. 以下灭火器应当进行维修的是（　　）。

A. 存在机械损伤的

B. 明显锈蚀的

C. 灭火剂泄漏的

D. 被开启使用过但压力表处于绿区范围的

E. 出厂日期满 5 年的干粉灭火器

11. 酒精发生火灾可以选用的灭火器是（　　）。

A. 普通泡沫灭火器　　B. 碳酸氢钠干粉灭火器　　C. 磷酸铵盐干粉灭火器

D. 二氧化碳灭火器　　E. 抗溶性泡沫灭火器

12. 带电设施发生火灾可以选用的灭火器有（　　）。

A. 磷酸铵盐干粉灭火器　　B. 碳酸氢钠干粉灭火器

C. 金属喇叭喷筒的二氧化碳灭火器　　D. 非金属喇叭喷筒的二氧化碳灭火器

13. 油锅发生火灾可以采用的灭火方法有（　　）。

A. 向锅内倒水　　B. 将锅盖盖上　　C. 倒入切好的蔬菜

D. 浸湿的厚重衣物覆盖　　E. 干粉灭火器

14. 消防控制室内应保存下列（　　）纸质和电子档案资料。

A. 建（构）筑物竣工后的总平面布局图、建筑消防设施平面布置图、建筑消防设施系统图及安全出口布置图、重点部位位置图、消防车通道、消防车登高操作场地布置图等

B. 消防安全管理规章制度、应急灭火预案、应急疏散预案等

C. 消防安全组织结构图，包括消防安全责任人、管理人、专职、志愿消防人员等内容

D. 消防安全培训记录、灭火和应急疏散预案的演练记录

E. 值班情况、消防安全检查情况及巡查情况的记录

F. 消防设施一览表，包括消防设施的类型、数量、状态等内容。消防系统控制逻辑关系说明、设备使用说明书、系统操作规程、系统和设备维护保养制度等

15. 室外消火栓的管理符合消防安全要求的是（　　）。

A. 应有明显的永久标志

B. 距离路边不宜小于 0.5m 不应大于 2m，距建筑物外墙不宜小于 5m

C. 供消防车使用的取水口应朝向道路

D. 每年进行一次出水试验，连接水带检查管网压力

E. 位于绿化带内的室外消火栓周围有绿化植物的不得影响正常使用

16. 室内消火栓管理正确的做法有（　　）。

A. 室内消火栓要设置使用方法指示标牌

B. 每周检查外观是否正常，是否漏水，配件要齐全完好，注意水带是否破损，是否被挪用

C. 消防火栓箱内不得有杂物，水带的卷置方法正确

D. 每年进行一次出水试验，连接水带检查管网压力和水泵启动

二、判断正误题

1. 防火门的产品质量、安装质量和日常维护管理直接影响到防火分隔的效果。（　　）

2. 柴油发电机房储油间、消防水泵房、防排烟机房、地下车库防火分隔处的防火门应为甲级。（　　）

3. 乙级防火门通常设置在消防电梯前室、防烟楼梯间前室、防烟楼梯间及电梯合用前室、封闭楼梯间、消防控制室入口处及部分住宅的户门。（　　）

4. 所有的防火门应能自行关闭，双扇防火门应能顺序关闭，关闭后能保持门扇缝隙符合标

准要求，不得出现错位。(　　)

5. 使用液化石油气场所设置的可燃气体探测器应当设置在易发生漏泄且靠近地面处。(　　)

6. 火灾探测器误报火警的主要原因有蒸气、油雾、粉尘、飞虫等。(　　)

7. 火灾探测器投入运行二年后，应每隔三年全部清洗一遍，并做响应阈值及其他必要的功能试验，合格者方可继续使用，不合格者严禁重新安装使用。(　　)

8. 防烟设施分为可开启外窗和机械加压送风防烟两类。(　　)

9. 火灾事故应急照明的黄色指示灯点亮表明处于充电状态。(　　)

10. 火灾事故应急照明与电源的连接可以使用插头、插座连接方式。(　　)

11. 使用灭火器扑救容器内可燃液体火灾时，应注意不能将喷嘴直接对准液面喷射，防止喷流的冲击力使可燃液体溅出而扩大火势，造成灭火困难。(　　)

12. 每月至少要对灭火器进行一次全面的检查，包括配置检查和外观检查。(　　)

13. 灭火器压力表的指针正常应处于绿区范围内。(　　)

14. 未经使用过的干粉灭火器从生产日期算起超过10年的经检测合格可以不报废。(　　)

15. 水泵接合器分区或分类供水时必须设置永久的标识。(　　)

16. 自动喷水灭火系统是由洒水喷头、报警阀组、水流报警装置（水流指示器或压力开关）等组件，以及管道、供水设施组成，并能在发生火灾时喷水的自动灭火系统。(　　)

17. 如果人员发现火灾发生需要立即启动气体灭火系统时，可按下紧急启动按钮启动气体灭火系统。(　　)

18. 物业服务企业应当对住宅物业管理区域内的共用消防设施进行维护管理。(　　)

19. 住宅物业管理区域内设有自动消防设施的，自身不具备维护保养能力的，与有消防设施维护保养检测资质的单位签订《建筑消防设施维修保养合同》，明确维护保养责任，保证自动消防设施的正常运行。(　　)

20. 消防设施维护保养后应出具《消防设施维护保养报告书》，一份交委托单位，一份报送公安消防部门备案。(　　)

参考答案

一、选择题

1. ABCDE　2. C　3. D　4. ABC　5. ABCDE　6. ABC　7. ABCD　8. AC　9. ABC　10. ABCDE　11. BCDE　12. ABD　13. BCDE　14. ABCDEF　15. ABCDE　16. ABCD

二、判断正误题

1. 正确　2. 正确　3. 正确　4. 错误　5. 正确　6. 正确　7. 正确　8. 正确　9. 错误　10. 错误　11. 正确　12. 正确　13. 正确　14. 错误　15. 正确　16. 正确　17. 正确　18. 正确　19. 正确　20. 正确

第六章　消防安全宣传教育和培训

【内容提要】本章阐述了消防安全宣传教育和培训的基本要求、消防安全宣传教育培训内容以及消防安全宣传教育培训实施方法等内容。通过学习本章，读者应掌握消防安全宣传教育和培训的基本要求、消防安全宣传教育培训内容以及消防安全宣传教育培训实施方法等内容。

消防安全宣传教育和培训是提高公民消防安全意识，培养消防法律意识，掌握消防安全知识和技能，促进遵守消防法律法规的重要途径。通过全社会共同努力，长期、广泛、因地制宜地开展全民消防安全宣传教育活动，激发公民关注消防安全、学习消防知识、参与消防工作的积极性和主动性，不断提高全民消防安全素质，夯实公共消防安全基础，减少火灾危害，对全面建成小康社会，创造和谐稳定的消防安全环境意义重大。

第一节　基本要求

《中华人民共和国消防法》第 6 条第 2 款规定："机关、团体、企业、事业等单位，应当加强对本单位人员的消防宣传教育。"公安部《机关、团体、企业、事业单位消防安全管理规定》第 36 条规定："单位应当通过多种形式开展经常性的消防安全宣传教育。消防安全重点单位对每名员工应当至少每年进行一次消防安全培训。宣传教育和培训内容应当包括：有关消防法规、消防安全制度和保障消防安全的操作规程；本单位、本岗位的火灾危险性和防火措施；有关消防设施的性能、灭火器材的使用方法；报火警、扑救初起火灾以及自救逃生的知识和技能；组织、引导在场群众疏散的知识和技能。单位应当组织新上岗和进入新岗位的员工进行上岗前的消防安全培训。"物业服务企业要按照消防法律法规的要求认真组织消防安全宣传教育培训。

物业服务企业的消防安全责任人、消防安全管理人应当参加消防安全培训，自动消防设施操作人员、消防设施检测维护人员、消防控制室值班人员等应当按照国家有关规定取得消防行业特有工种职业资格证并持证上岗。对每名员工每年至少进行一次消防安全培训，提高检查消除火灾隐患能力、扑救初起火灾能力、组织疏散逃生能力和消防宣传教育能力，提升消防安全管理水平。住宅物业管理区域内应当设有消防警示牌、消防公益广告、消防橱窗等消防知识宣传设施，结合火灾形势和特点，每季度至少更新一次宣传内容。业主、物业使用人应当对孤寡老人、残疾人、瘫痪病人及未成年人等被监护人员进行防火教育，落实必要的防火安全保护措施。物业服务企业应当对上述被监护人员登记造册，定期组织培训。物业服务企业应当在住宅区的出入口、电梯口、防火门等醒目位置设置提示火灾危险性、安全逃生路线、安全出口、消防设施器材使用方法和明显标志、警示标语；在消防车道、消防车登高作业场地、疏散通道以及消火栓、灭火器、防火门、防火卷帘等消防设施附近设置禁止占用、遮挡的明显标识。

第二节　消防安全宣传教育培训内容

物业服务企业要针对区域内住宅高度、疏散楼梯形式、消防设施配备、居民消防素质水平等实际环境，确定宣传教育培训的内容。对辖区居民重点开展以下内容的宣传教育培训：消防法律法规知识，督促居民自觉遵守消防安全管理规定，不圈占、埋压、损坏、挪用消防设施、器材，不占用消防车通道、防火间距，保持疏散通道畅通；安全用火、用电、用气、用油知识和技能；火灾报警、扑救初起火灾、逃生自救常识和技能；查找、消除家庭火灾隐患的知识和技能；对家庭成员开展消防知识宣传教育的技能。

一、掌握消防法律法规的基本内容

消防工作贯彻预防为主、防消结合的方针，按照政府统一领导、部门依法监管、单位全面负责、公民积极参与的原则，实行消防安全责任制，建立健全社会化的消防工作网络。

任何单位和个人都有维护消防安全、保护消防设施、预防火灾、报告火警的义务。任何单位和成年人都有参加有组织的灭火工作的义务。任何单位、个人不得损坏、挪用或者擅自拆除、停用消防设施、器材，不得埋压、圈占、遮挡消火栓或者占用防火间距，不得占用、堵塞、封闭疏散通道、安全出口、消防车通道。人员密集场所的门窗不得设置影响逃生和灭火救援的障碍物。任何人发现火灾都应当立即报警。任何单位、个人都应当无偿为报警提供便利，不得阻拦报警。严禁谎报火警。人员密集场所发生火灾，该场所的现场工作人员应当立即组织、引导在场人员疏散。

二、熟悉消防标志

消防安全标志是由表示特定消防安全信息的图形符号、安全色、几何形状（或边框）等构成，必要时辅以文字或方向指示的安全标志。向公众指示安全出口的位置与方向、安全疏散逃生的途径、消防设施设备的位置和火灾或爆炸危险区域的警示与禁止标志等特定的消防安全信息。《消防安全标志第 1 部分：标志》

（GB13495.1—2015），将消防安全标志分为火灾报警装置标志、紧急疏散逃生标志、灭火设备标志、禁止和警告标志、方向辅助标志、文字辅助标志6类，提供了消防安全标志、文字辅助标志与方向辅助标志组合使用的应用范例，具体见表6－1。消防安全标志不应被遮挡，发现损坏、脱落、安装不牢固或者色泽明显变化时要及时更新，场所情况发生变化时要及时更换。

表6－1　消防标志

类型	编号	标志	名称	类型	编号	标志	名称
火灾报警装置	01		消防按钮 FIRE CALL POINT	灭火设备	16		地下消火栓 UNDERGROUND FIRE HYDRANT
	02		发声警报器 FIRE ALARM		17		地上消火栓 OVERGROUND FIRE HYDRANT
	03		火警电话 FIRE ALARM TELEPHONE		18		消防水泵接合器 SIAMESE CONNECTION
	04		消防电话 FIRE TELEPHONE	禁止和警告	19		禁止吸烟 NO SMOKING
	05		安全出口 EXIT		20		禁止烟火 NO BURNING
					21		禁止放易燃物 NO FLAMMABLE MATERIALS
紧急疏散逃生	06		滑动开门 SLIDE		22		禁止燃放鞭炮 NO FIREWORKS
					23		禁止用水灭火 DO NOT EXTINGUISH WITH WATER
	07		推开 PUSH		24		禁止阻塞 DO NOT OBSTRUCT
	08		拉开 PULL		25		禁止锁闭 DO NOT LOCK
	09		击碎面板 BREAK TO OBTAIN ACCESS		26		当心易燃物 WARNING:FLAMMABLE MATERIAL
	10		逃生梯 ESCAPE LADDER		27		当心氧化物 WARNING：OXIDIZING SUBSTANCE

（续表）

类型	编号	标志	名称	类型	编号	标志	名称
灭火设备	11		灭火设备 FIRE FIGHTING EQUIPMENT	禁止和警告	28		当心爆炸物 WARNING：EXPLOSIVE MATERIAL
	12		手提式灭火器 PORTABLE FIRE EXTINGUISHER	方向辅助	29		疏散方向 DIRECTION OF ESCAPE
	13		推车式灭火器 WHEELED FIRE EXTINGUISHER				
	14		消防炮 FIRE MONITOR		30		火灾报警装置或灭火设备的方位 DIRECTION OFFIRE ALARM DEVICE OR FIREFIGHTING EQUIPMENT
	15		消防软管卷盘 FIRE HOSE REEL				

三、熟知身边的消防设施和器材

室外消火栓、水泵接合器、室内消火栓、灭火器、火灾自动报警设施、可燃气体报警设施、逃生缓降器、消防过滤式自救呼吸器、防火门、防烟排烟设施、自动喷水灭火系统等原理、作用及使用方法。具体内容见第五章第二节。

四、掌握家庭防火技能

家庭防火检查内容具体见表6－2。

表6－2 家庭火灾隐患对照检查表（示例）

	火灾隐患表现形式	是否存在
1	家中所用保险丝有用铜、铁丝代替现象	
2	空气开关、触头等有过热、烧焦现象	
3	家中使用电炉、热得快等安全性能差的电热器具	
4	使用非制式、不符合国家标准的插座	
5	家用电器出现故障后继续使用或使用超过寿命的家用电器	
6	家用电器使用后处于待机状态或未拔电源插头	
7	电气线路上的插头、插座不牢固	
8	手机、充电宝等长时间充电或充电器长时间通电	
9	家中橡胶燃气软管超过2年未更换，胶管的长度超过2m，有老化、龟裂现象	

（续表）

	火灾隐患表现形式	是否存在
10	使用不符合安全标准的电热暖水袋	
11	未按照安全要求使用电熨斗、电热毯	
12	电冰箱、冰柜散热部位堆放可燃物品	
13	卧室内安装、使用燃气设施	
14	可燃气体报警器安装位置不当或不能正常工作	
15	使用燃气完毕后未关闭灶前燃气总阀	
16	燃气炉灶与明火共处一室	
17	燃气灶具、燃气热水器等超过规定的报废期限	
18	燃气管道被装修材料包覆或捆绑、悬挂物品	
19	住宅使用木板等易燃材料进行装修或分隔	
20	楼梯、阳台存放易燃、可燃物	
21	家庭中从事易燃易爆物品生产、加工、经营活动	
22	汽油、酒精等超过规定存量，空气清新剂、气雾杀虫剂等，放置地点靠近火源、电源或高温热源	
23	吸烟后烟蒂处理不符合消防安全要求	
24	火柴、打火机等物品放在儿童易取到的地方	
25	使用蜡烛未固定在不燃基座上	
26	使用蚊香未放置在不燃基座上	
27	家庭未接受消防安全教育或培训	
28	家中或楼梯间未配备灭火器材	

五、灭火技能

（一）初起火灾的扑救原则

火灾初起阶段是灭火的最有利时机，要善于把握时机，选用最有效的灭火方法，加以灵活运用。

1. 发现火灾立即报警。报告火警包括向119消防队报警、向火灾现场可能受火灾威胁的人报警、向单位专职消防队、志愿消防队或微型消防站报警、向单位负责人报警。火警电话119接通后要讲清：

（1）起火场所的详细地址，建筑物、场馆和街道名称，门牌号码，靠近何处；建筑物要讲明第几层楼；乡（镇）、村庄名称等。

（2）火灾基本情况，起火的场所和部位、着火的物质、火势的大小，是否有人员被困等，火场有无危险化学品，以便消防队根据情况派出相应的灭火车辆。

（3）告诉接警人员报警人的姓名、单位及联系电话号码，以便消防队电话联系，了解火灾现场发展情况。

（4）假如火灾在消防队到达之前已经被扑灭，要及时拨打 119 火警电话，通知消防队火灾扑灭情况。

（5）报警后要派人在路口迎接消防车，引导消防车进入火灾现场，以便迅速、准确到达起火地点。

2．积极抢救人的生命。发生火灾时，如果有人受到火灾的威胁，要把救人放在重于一切的位置上，要立即组织人力、物力积极抢救人的生命。有多处人员被困的情况下，要先救被困人数较多的部位；先救受火势威胁大的被困人员；先救容易脱险的被困人员。

3．科学扑救初起火灾。对于不可能立即扑灭的火灾，要采取措施控制火势的蔓延，如住宅室内发生火灾，可以将未蔓延到的部位用水浇湿、关闭相邻房间的门窗、移走受火威胁的可燃物等。

4．防中毒、防窒息。火灾时物质燃烧会放出大量一氧化碳、二氧化碳、氰化氢、氯化氢、氨气、光气、氮氧化物、酮类、醛类、醚类等毒害性气体，扑救时人应尽可能处于上风向或侧风向，必要时要佩戴空气呼吸器或防毒面具。使用二氧化碳灭火器等灭火时，要注意二氧化碳浓度增大会引起灭火人员窒息的可能。

5．讲科学、莫惊慌。扑救火灾时，要保持镇静，迅速采取正确的扑救措施，选用恰当的灭火剂，防止扑救不当造成火势扩大。如酒精、汽油、油锅、带电设备火灾切不可使用水扑救；燃气泄漏火灾在泄漏未得到控制之前，不应将火扑灭，此时应控制燃烧的范围，寻找控制或杜绝燃气泄漏的措施。

（二）住宅初起火灾的扑救

住宅易发生火灾的部位主要有厨房，一般是油锅或燃气灶具发生火灾；家用电器，如电视机、空调、电冰箱、烤箱、加湿器、饮水机等；客厅沙发、纸篓等；卧室床铺、被褥等。

1．燃气灶具火灾。当发现燃气泄漏时，要立即关闭气源，熄灭所有火源，切勿动用电气开关等易产生火花设备，对于冬季穿着易产生静电化纤衣物时要注意不要触摸门把手等金属件。打开窗户通风，人撤离到安全区域。如果发生泄漏形成稳定燃烧，此时如果能关闭阀门可以先关闭阀门后灭火。如果不能关闭阀门，此时可以关闭户外总阀或通知燃气公司关闭相应部位的阀门再灭火。如果液化石油气钢瓶阀门处泄漏燃烧可以用湿抹布、毛巾覆盖灭火后关闭阀门，也可以用湿抹布、毛巾保护手部直接关闭阀门灭火；如果无法关闭时，要注意防止火焰烘烤液化石油气钢瓶，如不能控制要迅速通知周围人员撤离，等待消防专业人员处理。

2．油锅火灾。油锅内发生火灾时，切不可使用水灭火，也不可端锅，要立即关闭燃气阀门、熄火降温。如果油量较少可以将切好的菜倒入锅内或者湿抹布放进锅内灭火，可以用锅盖、灭火毯或浸湿厚重衣物覆盖灭火，也可以用干粉灭火器、二氧化碳灭火器灭火。如果油量较多时，可以用锅盖、灭火毯或浸湿厚重衣物覆盖灭火，也可以用干粉灭火器、二氧化碳灭火器灭火，切不可直对油面冲击。

3. 电器火灾。在火灾扑救前要切断电源，可以使用干粉灭火器、二氧化碳灭火器灭火，切断电源后可以用水灭火。如果着火点较小，也可以用灭火毯或浸湿厚重衣物覆盖灭火。

4. 沙发、被褥等火灾。在确认无触电、无忌水物质的前提下优先使用水灭火，也可以使用磷酸铵盐干粉、泡沫灭火器灭火。

5. 人身着火。千万不能跑动，如果能迅速脱下衣服可以将衣服脱下，如果不能，要立即躺下双手捂住脸部，缓慢在地上滚动将火苗压熄，也可以用灭火毯或浸湿厚重衣物覆盖灭火。不建议使用干粉灭火器、二氧化碳灭火器灭火，可以使用水型等对人体无二次伤害的灭火剂扑救。

6. 房间火灾。对于房间等密闭空间发生火灾，火势尚未突破门窗向四周蔓延时，暂时无法判明火灾情况，打开门窗时务必注意发生轰燃。密闭空间发生火灾时，会因氧气供应不足而燃烧不充分，当突然打开门窗会因氧气补充而发生快速燃烧。此时应提前准备好灭火器材，注意缓慢打开门窗，查明火灾现场情况并施放灭火剂。

（三）汽车类火灾的扑救

行车过程中一旦闻到焦臭味或者看到烟雾，应立即在安全地方停车，并关闭电源，然后拉紧手刹，离开车辆，查明原因。如果发动机舱只有轻微的烟雾，在打开引擎盖前要事先做好灭火准备，开引擎盖要缓慢进行，防止进入空气火势迅速扩大。可以使用灭火器、消火栓等灭火，也可以就地取材用沙土等掩盖火源。如果发动机舱内有火苗冒出，说明火势已经发展到了比较严重的程度，不要打开引擎盖，以防空气对流加大火势。这时可拉开锁止扳手，让引擎盖漏一条缝，然后往里面喷灭火剂，等到没有烟雾时方可停止。如果起火部位位于座舱内，开车门要注意大量新鲜空气进入引起轰燃，此时宜打开一条缝隙，然后将灭火剂喷入。如果汽车四周起火，此时需要使用消火栓、推车式灭火器等灭火，控制火势蔓延，及时疏散人员，避免造成人员伤害。

六、掌握疏散自救逃生知识和技能

火灾现场的情况是千变万化的，要根据实际情况选择恰当的方法，灵活运用、随机应变，才能顺利地从火灾中安全逃生。有一点是千万不能忘记的，那就是时刻注意防火，身边不发生火灾是最安全的。

1. 自救第一、迅速撤离。每个人都要树立自防自救的思想意识，特别是逃生、救人和灭火。客观条件的限制，消防专业队伍到达火灾现场时，往往已经错过安全疏散时机。住宅中如发现火灾，火情很小时，此时能抓住机会迅速扑灭为上策。如果发现火灾一时无法控制，要当机立断，迅速通知、组织家庭成员撤离到安全区域，同时向专业消防队报警，此时也可以尝试控制火势蔓延；如果火势无法控制，要迅速撤离现场，关闭房门、户门，延缓火势蔓延速度；楼梯间内有防火门的，逃生后也要随手关闭严密，防止烟气进入。逃生同时将发生火灾的信息告知周围住户。

2. 生命至上、勿恋财物。人的生命是第一位的，切不可为财物等浪费逃生时间，置自身于险境，如已从险境中脱险，切不可无可靠防护措施再入险境救人或抢救物资。

3. 保持镇静、审时度势。一般来说，住宅防火分隔区域面积小，房间之间使用混凝土等不燃材料分隔，具有较好的防火分隔效果，不会发生火灾迅速蔓延。当发现楼梯间内发生火灾或其他户内火灾蔓延到楼梯间时，要迅速判断起火部位。如果起火部位位于楼下，不能贸然从楼梯间向下疏散，如果楼梯通到楼顶平台，可以采取佩戴消防过滤式自救呼吸器向楼顶平台疏散；如果起火部位位于楼上，可以通过楼梯间向下疏散。如果不具备安全疏散条件，可以在家中采取防烟措施固守待援。如果火灾发生在建筑外墙处，如类似上海市静安区胶州路教师公寓楼、英国伦敦西部拉蒂默路格伦费尔塔室外保温材料燃烧的火灾，能起防火分隔作用的是防火分隔效果很差的门窗，此时要当机立断，立即疏散到安全区域。

4. 逃生讲究科学。如必须从烟火区域逃生时，要保护好呼吸系统，尽最大可能避免吸入有毒、高温烟气。低姿弯腰防烟的措施仅适用于同一楼层平面水平疏散，不适用于楼梯等竖向疏散。无消防过滤式自救呼吸器时，湿厚棉织物是退而求其次的保护呼吸系统和人身体的办法。湿厚棉织物具有一定的吸收有毒烟气（烟气中部分有毒气体溶于水）、降低烟气温度、过滤烟气中颗粒的作用；身披湿厚织物、灭火毯可以减少高温对人体的伤害。

5. 科学选择疏散逃生通道。利用门窗逃生是最常用的路线，如果门窗不具备安全疏散条件，可以考虑其他逃生路线。如有可能可以通过阳台逃到相邻房间或相邻单元再逃生，安装缓降器的楼层可以使用缓降器逃生，还可以使用绳索、床单、被罩结绳逃生，设置避难层的住宅楼、设置避难间的住宅可以临时避险，设置一个楼梯的住宅部分楼梯可以通往顶层或单元间连廊疏散。

6. 保存体力、科学求救。无路逃生的情况下，应积极寻找暂时的避难处所，采取防烟保护措施，择机而逃。等待救援时可在窗口、阳台或屋顶处向外大声呼叫、敲击金属物品或投掷软物品，白天可挥动鲜艳布条发出求救信号，晚上可挥动手电筒或白布条引起救援人员的注意。

7. 利人利己、相互协助。在众多被困人员逃生过程中，极易出现拥挤甚至踩踏的现象，既不利于自己逃生，也不利于他人逃生。在逃生过程中如看见前面的人倒下去了，应立即扶起，对拥挤的人应给予疏导或选择其他疏散方向予以分流，减轻单一疏散通道的压力，竭尽全力保持疏散通道畅通，以最大限度减少人员伤亡。

七、《消防安全常识二十条》

《消防安全常识二十条》是从国家消防法律法规、消防技术规范和消防常识中提炼概括的，具有语言简练、通俗易记、实用性强的特点，是公民应当掌握的最基本的消防知识。

第一条　自觉维护公共消防安全，发现火灾迅速拨打119电话报警，消防队救火不收费。

第二条　发现火灾隐患和消防安全违法行为可拨打96119电话，向当地公安消防部门举报。

第三条　不埋压、圈占、损坏、挪用、遮挡消防设施和器材。

第四条　不携带易燃易爆危险品进入公共场所、乘坐公共交通工具。

第五条　不在严禁烟火的场所动用明火和吸烟。

第六条　购买合格的烟花爆竹，燃放时遵守安全燃放规定，注意消防安全。

第七条　家庭和单位配备必要的消防器材并掌握正确的使用方法。

第八条　每个家庭都应制定消防安全计划，绘制逃生疏散路线图，及时检查、消除火灾隐患。

第九条　室内装修装饰不应采用易燃材料。

第十条　正确使用电器设备，不乱接电源线，不超负荷用电，及时更换老化电器设备和线路，外出时要关闭电源开关。

第十一条　正确使用、经常检查燃气设施和用具，发现燃气泄漏，迅速关阀门、开门窗，切勿触动电器开关和使用明火。

第十二条　教育儿童不玩火，将打火机和火柴放在儿童拿不到的地方。

第十三条　不占用、堵塞或封闭安全出口、疏散通道和消防车通道，不设置妨碍消防车通行和火灾扑救的障碍物。

第十四条　不躺在床上或沙发上吸烟，不乱扔烟头。

第十五条　学校和单位定期组织逃生疏散演练。

第十六条　进入公共场所注意观察安全出口和疏散通道，记住疏散方向。

第十七条　遇到火灾时沉着、冷静，迅速正确逃生，不贪恋财物、不乘坐电梯、不盲目跳楼。

第十八条　必须穿过浓烟逃生时，尽量用浸湿的衣物保护头部和身体，捂住口鼻，弯腰低姿前行。

第十九条　身上着火，可就地打滚或用厚重衣物覆盖，压灭火苗。

第二十条　大火封门无法逃生时，可用浸湿的毛巾、衣物等堵塞门缝，发出求救信号等待救援。

第三节　消防安全宣传教育培训实施

消防宣传教育培训的内容和形式必须具有针对性，受宣传教育培训对象才能听的入耳、记的入脑，学有所获、学有所用。对于业主和物业使用人的消防宣传教育培训要实现对象公众化、形式多样化、工作实效化。

1. 配合社区居委会制作、发放、张贴《居民防火公约》。每个住宅单元明显部位都要张贴《居民防火公约》，每个住户都要有一份《居民防火公约》。内容主要包括：

（1）自觉遵守消防法律法规，服从社区消防组织的管理。

（2）爱护消防设施和器材，不得挪用、圈占、埋压和损坏。

（3）严禁在楼道内堆放可燃杂物，严禁占用、堵塞楼院消防通道、出口。禁止在楼道等公用空间停放电动自动车、为电动自行车充电。

（4）居民家庭不得存放超过0.5kg汽油、酒精、香蕉水等易燃易爆危险化学品，严禁乱倒液化石油气残液。

（5）居民家庭不得乱接乱拉电线，不准用铁丝、铜丝代替保险丝。

（6）教育儿童不玩火，不在禁放区域和禁放期燃放烟花爆竹，不在阳台、楼梯间燃放烟花爆竹。

（7）居民外出或睡前要检查电源开关、燃气灶灶前阀等是否关闭。

（8）家庭装修时，要安全敷设电气线路，安全使用稀料、油漆等装修材料，防止火灾发生。

（9）家庭发生火灾时，不要因为贪恋财物而贻误疏散逃生时机。

（10）掌握119火警电话和社区微型消防站值班室电话，发现火灾及时向公安消防队和社区微型消防站报警。

2. 宣传栏、消防公益广告。应在住宅小区内因地制宜设置消防宣传牌（栏）、橱窗等，适时更新内容；小区楼宇电视、户外显示屏等应经常播放消防安全常识。

3. 消防提示警示。应当在住宅区的出入口、电梯口、防火门等醒目位置设置提示火灾危险性、安全逃生路线、安全出口、消防设施器材使用方法和明显标志和警示标语；并应在消防车道、消防车登高作业场地、疏散通道以及消火栓、灭火器、防火门、防火卷帘等消防设施附近设置禁止占用、遮挡的明显标识。常闭式防火门要设置“请保持防火门关闭”、防火卷帘下方要设置“防火卷帘下方禁止堆放物品”提示警示语。在火灾多发时段，可以采用张贴公告等形式提醒业主及物业使用人。

4. 邀请专业人员授课。充分利用社区道德讲堂等设施，定期邀请消防专业人员为居民上消防课，学习消防安全知识和技能。

5. 组织参观消防宣传教育基地。组织居民、学生等到辖区消防宣传教育基地参观体验。

6. 利用社交工具宣传。利用业主、物业使用人微信群、QQ 群等开展宣传，推荐关注消防专业微信公众号或微博，或向业主、物业使用人发送手机短信开展宣传。

7. 组织家庭消防运动会、知识竞赛。以家庭组队参加消防趣味运动会、亲子活动，举办家庭消防知识竞赛。

8. 火灾现场警示宣传教育。物业管理服务范围内发生火灾的，要组织业主或物业使用人召开火灾现场警示会。

9. 弱势群体服务。物业服务企业应当对孤寡老人、残疾人、瘫痪病人登记造册，上门进行消防安全宣传教育，帮助查找、消除火灾隐患，遇险情时帮助疏散逃生。

10. 组织观看消防文艺演出。利用业余时间组织业主、物业使用人观看消防文艺演出、消防电影等。

11. 组织参加消防志愿活动。协助各级消防志愿者服务组织开展活动，广泛动员业主、物业使用人参加消防志愿者组织，积极参加活动。

12. 组织开展灭火疏散预案演练。组织业主和物业使用人开展灭火和疏散演练。

13. 利用消防书籍等宣传教育。社区文化活动场所摆放消防书籍、报刊及防火宣传资料，供居民查询学习。

14. 设立消防宣传体验活动室。建设社区消防宣传体验活动室，定期组织业主、物业使用人参观、体验。

15. 设立消防举报箱。鼓励业主、物业使用人查找身边的火灾隐患，及时报告发现的火灾隐患和消防违法行为。

练 习 题

选择题

1. 宣传教育和培训内容应当包括（　　）。

A. 有关消防法规、消防安全制度和保障消防安全的操作规程

B. 本单位、本岗位的火灾危险性和防火措施

C. 有关消防设施的性能、灭火器材的使用方法

D. 报火警、扑救初起火灾以及自救逃生的知识和技能。

2. 以下人员中应当按照国家有关规定取得消防行业特有工种职业资格证并持证上岗的有（　　）。

A. 物业服务企业的消防安全责任人、消防安全管理人

B. 自动消防设施操作人员

C. 消防设施检测维护人员

D. 消防控制室值班操作人员

3. 消防安全四个能力是指（　　）。

A. 检查消除火灾隐患能力　　B. 扑救初起火灾能力

C. 组织疏散逃生能力　　D. 消防宣传教育能力

4. 物业服务企业可以采取的宣传形式有（　　）。

A. 设置消防警示牌、消防公益广告、消防橱窗等消防知识宣传设施

B. 在住宅区的出入口、电梯口、防火门等醒目位置设置提示火灾危险性、安全逃生路线、安全出口、消防设施器材使用方法和明显标志、警示标语

C. 在消防车道、消防车登高作业场地、疏散通道以及消火栓、灭火器、防火门、防火卷帘等消防设施附近设置禁止占用、遮挡的明显标识

D. 应当对孤寡老人、残疾人、瘫痪病人及未成年人等登记造册，定期组织培训

5. 消防安全宣传教育培训的主要内容包括（　　）。

A. 消防法律法规

B. 消防安全标志

C. 消防安全设施

D. 家庭防火、灭火技能

E. 疏散自救逃生知识和技能

6. 以下做法正确的是（　　）。

A. 进入公共场所注意观察安全出口和疏散通道，记住疏散方向

B. 遇到火灾时沉着、冷静，迅速正确逃生，不贪恋财物、不乘坐电梯、不盲目跳楼

C. 必须穿过浓烟逃生时，尽量用浸湿的衣物保护头部和身体，捂住口鼻，弯腰低姿前行

D. 身上着火，可就地打滚或用厚重衣物覆盖，压灭火苗

E. 大火封门无法逃生时，可用浸湿的毛巾、衣物等堵塞门缝，发出求救信号等待救援

7. 消防安全宣传教育培训实施方法有（　　）。

A. 制作、发放、张贴《居民防火公约》　　B. 邀请专业人员授课

C. 组织参观消防宣传教育基地　　D. 组织家庭消防运动会、知识竞赛

E. 火灾现场警示宣传教育　　F. 组织开展灭火疏散预案演练

8. 发现燃气泄漏正确的处理措施有（　　）。

A. 迅速关闭阀门　　B. 打开门窗通风

C. 切勿触动电器开关和使用明火　　D. 室内拨打电话报警

参考答案

选择题

1. ABCD　2. BCD　3. ABCD　4. ABCD　5. ABCDE　6. ABCDE　7. ABCDEF　8. ABC

第七章　消防队伍及应急预案的制定和演练

【内容提要】本章阐述了消防队伍建设和消防装备、消防控制室值班操作人员训练、灭火和应急疏散预案制定、灭火和应急疏散预案演练等内容。通过学习本章，读者应知晓消防队伍建设和消防装备、消防控制室值班操作人员训练、灭火和应急疏散预案制定、灭火和应急疏散预案演练等内容及要求。

演练是指通过模拟消防安全管理、火灾现场的真实环境，提升消防安全管理技术素养，把理论知识变为实地操作技能，重视的是业务技能的训练。住宅物业消防安全管理实战化训练内容涉及日常管理、火灾事故处置的整个过程，知识是基础、技能是保障，团队协作、分工配合是完成任务的关键。每位物业服务企业员工都要既有丰富的消防安全知识，又要有随机应变娴熟的操作技能，这是胜任物业消防安全管理的基本条件。

第一节　微型消防站建设和消防装备

《中华人民共和国消防法》第 41 条规定："机关、团体、企业、事业等单位以及村民委员会、居民委员会根据需要，建立志愿消防队等多种形式的消防组织，开展群众性自防自救工作。"第 42 条规定："公安机关消防机构应当对专职消防队、志愿消防队等消防组织进行业务指导；根据扑救火灾的需要，可以调动指挥专职消防队参加火灾扑救工作。"2015 年 11 月 11 日，公安部《关于印发〈消防安全重点单位微型消防站建设标准（试行）〉、〈社区微型消防站建设标准（试行）〉的通知》（公消〔2015〕301 号）为微型消防站建设提供了纲领性、指导性意见。

一、微型消防站的功能定位

微型消防站是单位、社区组建的有人员、有装备，具备扑救初起火灾能力的志愿消防队。微型消防站的功能定为志愿消防队伍建设的升级版，《社区微型消防站建设标准（试行）》明确了微型消防站具备防火巡查、扑救初起火灾和消防宣传教育三项功能，同时增加了扑救周边区域的初起火灾和接受公安消防队调度的要求，以实现"救早、灭小和'3 分钟到场'扑救初起火灾"的目标。

微型消防站队员做到“三知四会三联通”：三知，即知道基本消防常识和消防设施位置、知道安全疏散出口、知道建筑结构布局；四会，即会组织人员疏散、会扑救初起火灾、会穿戴个人防护装备、会操作消防器材；三联通，即发生火灾时能与119消防指挥中心联通、能与单位消防控制室联通、安保人员和微型站队员之间能联通。

二、微型消防站的建设要求

引导和规范城乡居民社区志愿消防队伍发展，建设“有人员、有器材、有战斗力”的社区微型消防站，实现有效处置初起火灾的目标。

（一）建设原则

以救早、灭小和“3分钟到场”扑救初起火灾为目标，划定最小灭火单元，依托消防安全网格化管理平台和体系，发挥治安联防、保安巡防等群防群治队伍作用，建立社区微型消防站，积极开展初起火灾扑救等火灾防控工作。

（二）人员配备

社区微型消防站应确定1名人员担任站长，确定5名以上接受过基本灭火技能培训的保安员、治安联防队员、社区工作人员等兼职或志愿人员担任队员。

住宅区物业服务企业要参照社区微型消防站的标准建设微型消防站。站长一般由物业项目部或分公司负责人担任，保安员、消防巡查检查人员、消防控制室值班操作人员担任队员。

（三）站房器材

微型消防站应充分利用社区服务中心等现有的场地、设施，设置在便于人员出动、器材取用的位置，房间和场地应满足日常值守、放置消防器材的基本要求，设置外线电话。微型消防站应根据扑救本社区初起火灾的需要，配备消防摩托车和灭火器、水枪、水带等基本的灭火器材和个人防护装备。具备条件的，可选配小型消防车。

物业服务企业应在住宅物业管理办公场所、门卫或治安岗亭、消防控制室等场所，集中配备灭火器、消防水带、消防水枪、消火栓扳手、救生绳、消防应急照明和消防通信器材等必要的消防器材装备，作为微型消防站的器材室，明确专人保管，确保完好有效。每个器材室的保护半径不宜大于100m。

（四）岗位职责

站长负责社区微型消防站的日常管理，组织制定各项管理制度和灭火应急预案，掌握人员和装备情况，组织开展业务训练，组织指挥扑救初起火灾。其他成员按照职责参加扑救初起火灾。

（五）值守联动

1. 微型消防站应建立24小时值守制度，分班编组值守，每班不少于3人。
2. 乡镇（街道）辖区内建有多个社区微型消防站的，应实行统一调度，并纳入当地灭火救援联勤联动体系。

（六）管理训练

1. 社区是微型消防站的建设管理主体，社区微型消防站建成后，应向辖区公安消防部门备案。

2. 微型消防站应建立日常管理、排班值守、训练和灭火工作制度，定期开展基本技能训练，熟悉本社区情况，提高扑救初起火灾的能力。

（七）微型消防站组成人员（示例）

站长：钱××　经理

副站长：田××　副经理

消防员：王××、任××、相××

消防控制室值班员：李××、顾××、孙××、焦××、周××、吴××

消防器材维护管理员：王××

（八）微型消防站岗位职责（示例）

1. 站长岗位职责：站长负责微型消防站日常管理，组织制定各项管理制度和灭火应急预案，组织开展防火巡查、消防宣传教育和灭火训练；指挥初起火灾扑救和人员疏散；组织与区域联动微型站进行联合训练。副站长协助站长负责日常管理工作。

2. 消防员岗位职责：消防员负责扑救初起火灾；熟悉建筑消防设施情况和灭火应急预案，熟练掌握器材性能和操作使用方法，并落实器材维护保养；参加日常防火巡查和消防宣传教育。控制室值班员应熟悉灭火应急处置程序，熟练掌握自动消防设施操作方法，接到火警信息后启动预案。

（九）微型消防站管理制度（示例）

1. 微型消防站不少于6人，设站长1名，人员岗位发生变动时及时调整，按规定向辖区公安消防部门备案。

2. 微型消防站建立24小时值守制度，分班编组值守，每班不少于3人。每班设值班班长1人，负责组织实施值守工作；发生火灾时负责向站长汇报情况。

3. 值班值守人员必须保证在岗在位，认真履行岗位职责，接到火警信息后，控制室值班员应迅速核实火情，启动灭火处置程序。消防员应按照“3分钟到场”要求赶赴现场处置。其他微型消防站组成人员不值班时要保证通信畅通。

4. 按照辖区公安消防部门的要求纳入当地灭火救援联勤联动体系，积极参与周边区域灭火处置工作。

5. 微型消防站组成人员上岗前实施岗位培训，培训内容包括扑救初起火灾业务技能、防火巡查、消防宣传基本知识。定期组织开展体能训练、灭火器材和个人防护器材的使用等日常业务训练，不断提高扑救初起火灾的能力。

6. 全面落实公司消防安全管理规定，认真组织值守制度、防火巡查、消防宣传教育等制度，并落实奖励惩处措施。

第二节　消防控制室值班操作人员训练

从全国发生的多起火灾来看，消防控制室真正发挥应有作用的，都成功地控制了火灾的蔓延，最大限度地减少了火灾伤亡和财产损失。与此相反，部分消防控制室因种种原因未能充分发挥作用，造成了火灾蔓延和扩大，造成了严重的人员伤亡和财产损失。究其原因，主要是消防控制室值班操作人员责任心不强，岗位重要、工作责任大但待遇低，长期处于经常招人而无人值班的尴尬境地，素质高的不愿意干，素质差的干不好。火灾发生的小概率事件，会使值班操作人员思想麻痹，再加上经常性故障和误报，即使真火警来了也不以为然，想当然认为是“误报”，贻误灭火时机。值班操作人员消防设施操作技能差，许多人员虽然经过培训，取得了岗位资格证书，但仅学习了皮毛知识，每套消防设施都有自己的特殊之处，不认真学习研究和实际操控，很难熟练掌握。消防设施日常维护不善，消防设施完好率低也是一个重要原因。

一、现场情况熟悉

作为一名消防控制室值班操作人员，首先要熟练掌握所负责的建筑物基本情况，如高度、面积、层数，消防车通道，消防登高操作场地，各区域功能划分，建筑内部装饰装修情况，建筑外墙保温材料情况，消防安全重点部位情况，建筑物周边情况，情况了然于胸才能百战百胜。

1. 消防设施配备完好情况。建筑物设置的室内消火栓，灭火器，火灾自动报警设施，自动灭火设施，消防电梯，火灾事故应急广播，防烟排烟设施，防火门、防火卷帘等分隔设施，消防设施完好情况。

2. 疏散设施情况。建筑内设置的楼梯间的形式和数量，安全出口的位置和数量，应急照明、疏散指示标志情况，避难层设置管理情况等。

3. 人员情况。主要是住户入住情况，租住户数量及分布，弱势群体分布情况，人员消防安全素质情况等。

4. 消防安全重点部位情况。主要是配电室、车库、防烟排烟机房、消防水泵房、楼层配电箱、管道井、电缆井设置情况。

5. 可用的消防力量。主要有物业服务企业人员情况，消防安全管理技能情况，微型消防站管理情况，志愿消防队员素质情况，最近专业消防队情况。

二、火灾报警控制及联动控制设备专项训练

要进行消防设施如自动喷水、泡沫、水雾、细水雾、干粉、气体等灭火系统正常、故障状态辨识及维护训练，掌握原理和性能，进行使用技能训练。训练要在消防设施维护保养或实际操作经验丰富的专业技术人员指导下进行，以免发生危险。

1．火警确认训练。主要包括报警地址与位置确认，火警确认方式方法，误报火警的确认方法，警情分析及判断。

2．自动、手动方式转换。主要包括自动、手动控制方式转换方法，自动运行状态确认方法。

3．报告火警训练。报告内容、报告优先顺序，根据现场人员疏散、火灾控制及蔓延扩大接续报告。

4．消防事故广播操作及广播训练。开启广播、人工广播、播放录音、多语言广播、重复广播及火灾警报与广播交替方法训练。

5．消防水泵启停训练。自动启动，远程手动启动，启动确认，现场手动启动，机械应急启动等训练。

6．防排烟系统操作训练。防烟、排烟机自动、远程手动启动，现场启动，效果测试，送风口、排烟阀、排烟口联动启动，送风口、排烟阀、排烟口复位等训练。

7．防火卷帘控制训练。联动控制、远程手动控制，现场控制升降，机械控制升降等训练。

8．切断非消防电源训练。位置和区域确定、切断控制、恢复控制等训练。

9．消防专用电话训练。请求通话、接受通话等训练。

10．消防电梯控制训练。远程控制、现场手动控制等训练。

11．自动喷水、泡沫、水喷雾、细水雾灭火系统操作训练。湿式、干式、预作用、雨淋阀自动、手动开启及复位，干式、预作用系统测试复位等训练。

12．气体、干粉等系统操作训练。自动、手动、机械应急操作开启及紧急停止训练，联动控制训练等。

13．室外消火栓、室内消火栓使用训练。阀门开启、恢复，水带连接，水带卷置等训练。

14．灭火器使用训练。灭火器检查、扑救油盘火灾等训练。

15．防护救护器材训练。消防过滤式自救呼吸器、空气呼吸器佩戴，缓降器、救生绳使用等训练。

三、火警处置综合训练

1．训练目标：增强不同火灾场景下的应对能力，增强心理素质，增强与其他人员的协同能力，发现专项训练中存在的问题，对发现的问题持续改进。

2．训练组织。训练组织由消防安全管理人或安保部门组织，建立综合训练制度规定，设立记录评判机构，训练奖励惩处机制等。

3．训练程序。设计火灾情景，选择恰当时机，发出火警综合训练指令，观察评判训练情况，操作控制效果评定，问题分析和整改等。

4．注意事项。结合场所实际确定最有可能发生的火灾类型和场所或者危害最大的火灾场景，操作指令要经过论证或必要的物理隔离，可能出现的问题的预判和应对，避免造成不必要的事故和影响。

四、配合专业消防队灭火救援训练

1．火警位置报告。主要包括火警具体位置，建筑或场所平面图、立面图，火警部位基本情况，火势可能影响到的范围和主要蔓延方向。

2．火灾发展蔓延情况报告。火灾烟气的扩展情况、明火蔓延情况，人员疏散及被困情况，现场已采取的处置措施，火势控制效果情况。

3．现场资料准备。重点部位的资料，楼层平面图，建筑立面图，室外消火栓、消防水泵接合器分布图，疏散设施位置数量图，消防水池、水泵位置图，防火卷帘设置位置，消防电梯位置等。

4．消防设施动作及效果报告。防火分隔设施，自动灭火系统，防烟排烟系统，非消防电源断开，消防电梯等动作及效果情况。

5．通知相关人员到位报告。单位消防责任人、管理人，重点岗位人员，工程、工艺技术人员等。

6．组织相关人员救人灭火报告。微型消防站值班人员，专（兼）职安保人员，物业志愿消防队，业主志愿消防队等。

7．提醒相关配合事项。道路引导，交通秩序维护，路障清理，作战配合等。

五、训练的组织和实施

1．训练组织人员和方案制订。消防训练方案一般由消防安全管理工作的归口管理部门负责拟订，并报消防安全责任人或管理人批准后实施。主要包括训练内容和进度，训练组织人员，训练具体实施方案，训练监督管理。

2．日常训练。情况熟悉训练，设施操作训练，模拟火警训练，重点部位专项训练，综合训练。

3．训练考核。定期考核，单位合格评定考核，综合考核，考核记录与激励等。

4．训练讲评。消防控制室值班操作人员技能、情况熟悉情况，存在问题及整改措施等。

5．训练保障。组织保障、制度保障、资金保障、人员保障、时间保障等。

六、训练持续改进

根据训练组织和效果，研究更符合实施的训练方式、更适合的训练内容、更恰当的训练时间、更高效的训练组织以及训练效果的评估。

第三节　灭火和应急疏散预案制定

灭火和应急疏散预案是指对火灾发生后灭火救援有关问题做出预先筹划和安排的文书，是针对可能发生的火灾，根据灭火救援的指导思想和处理原则，以及住宅现有的消防设施、消防器材装备和人员数量、质量、岗位情况而拟定的灭火救援应急方案。作为应对火灾事故的行动方案和依据，在处置火灾事故时发挥着重要作用，平时有准备可以做到有备无患，能充分发挥灭火力量的作用，及时将火灾扑灭或控制在一定范围内，可以保证在短时间内，有组织、有秩序地按照预定路线撤离危险区。物业服务企业应当制定住宅物业管理区域灭火及应急疏散预案，组建住宅物业志愿消防队，每月应当至少开展一次灭火、救生技能训练，每年组织业主、物业使用人员至少进行一次以消防设施、器材使用、灭火和安全疏散为重点的消防宣传和演练活动。

一、灭火和应急疏散预案编制依据

编制依据主要有消防法律法规规章及规范性文件、消防技术标准和单位内部消防安全管理制度；单位的基本情况、物业服务区域住宅情况、消防安全重点部位情况；单位员工调整情况，居民变动情况，单位员工、居民消防安全素质、防火灭火技能等情况。

二、灭火和应急疏散预案编制的程序

制定灭火和应急疏散预案的程序是指制定的方法和步骤。

1. 成立相应的编制组织。灭火和应急疏散预案的制定涉及业主和物业使用人，需要各方面的支持和配合。为便于协调，要成立由社区居委会、业主委员会和物业服务企业联合组成的组织，具体负责灭火和疏散预案的制定、预案的评估、演练的组织和改进。

2. 结合物业服务区域住宅建筑情况，明确重点保卫对象或部位。

3. 调查研究，收集资料。预案制定前要开展全面细致的调查研究，为制定预案提供事实和决策依据。预测住宅发生火灾的可能性和各种险情，制定相应的火灾扑救和应急救援对策。

4. 科学计算确定人员力量和器材装备。确定现场灭火和疏散人员所需要的人员力量，保障的器材装备和物资方面的数量，行动的目标与任务、战术与技术措施、人员部署与力量安排等。

5. 严格审核，不断充实完善。灭火和应急疏散预案制定完成后，要经社区居委会、业主委员会和物业服务企业联合进行审查，确保合理、可行。

三、灭火和应急疏散预案编制的内容

灭火和应急疏散预案的基本内容应当包括物业服务企业的基本情况、住宅建筑及居民基本情况、灭火和应急疏散组织机构、火灾情况设定、报警和接警处置程序；应急疏散的组织程序和措施；扑救初起火灾的程序和措施；通信联络程序和措施、安全防护救护的程序和措施、灭火和应急疏散计划图、注意事项等。

（一）单位的基本情况

物业服务企业、住宅建筑及居民的基本情况。主要包括物业服务企业消防组织、微型消防站装备配备、志愿消防队情况，住宅建筑的基本情况，居民居住情况，需要协助疏散人员情况，消防安全重点部位情况，消防设施、灭火器材情况、业主志愿消防队组织情况。

（二）应急组织机构

住宅物业管理涉及居委会、物业服务企业、业主及物业使用人，为建立高效的指挥体系和协调机制，要按照归口管理、统一指挥、讲究效率、权责一致、机动灵活的原则，设立指挥部，下设通信联络组、灭火行动组、疏散引导组、安全防护救护组、现场警戒组、后勤保障组。

1. 指挥部。指挥部由居民委员会、物业服务企业、主业委员会人员组成，负责灭火和应急疏散指挥，组织灭火和应急疏散预案演练。一般设总指挥 1 人，由居委会负责人担任；副总指挥 2 人，由物业服务企业负责人和业主委员会负责人担任。指挥部一般设在靠近起火部位的地点、消防控制室或物业办公场所，负责指挥协调各职能小组开展工作。专业灭火救援队伍到达现场后，及时向指挥员报告现场的有关情况，按照指挥员的统一部署，配合专业灭火救援队开展灭火救援工作。为便于全天候灭火救援指挥，物业服务企业要设置每日带班负责人负责指挥部人员不在位时的现场指挥。

2. 通信联络组。负责向专业消防队报告火警、与专业消防队保持通信联系，及时报告灾情变化情况，负责向居民委员会、物业服务企业、业主委会员报告火灾情况，通知物业服务企业员工参与灭火救援。

3. 灭火行动组。主要负责现场灭火、营救被困人员、操作消防设施实施灭火、抢救贵重物资。灭火行动组由物业服务企业微型消防站或者志愿消防队员组成，可以进一步细化为消防控制室自动消防设施操作小组、灭火器材小组、水枪灭火小组、物资疏散小组、被困人员营救小组等。

4. 疏散引导组。主要负责引导人员疏散自救，协助不能自行疏散的人员疏散，确保人员安全快速疏散。

5. 安全防护救护组。主要负责对受伤人员进行紧急救护，视情与 120 急救中心联络，视伤情转送医疗机构救治。

6. 火灾现场警戒组。主要负责保证灭火救援道路畅通，控制各出口确保无关人员只出不进，协助控制火灾事故肇事者。

7. 后勤保障组。主要负责车辆调配、道路畅通、消防供电保障、非消防电源切断、水源保障、饮食保障等。

8. 火灾现场保护组。主要负责火灾扑灭后现场的保护工作，设置警示、保护围挡等设施，未经公安消防部门的允许任何人不得以任何理由进入火灾现场。

（三）火情预想

火情预想，即对住宅可能发生的火灾作出的有根据、符合实际的设想，是制定灭火和应急疏散预案的重要依据。火情预想要从实际出发，经过调查研究、科学论证，保障预想火情切合实际并具有针对性和代表性。其内容如下：

1. 发生火灾的部位。最不利情况下设定起火部位，设定被困人员本身自行疏散困难需要协助，消防设施失效情况进行全面考量，提出有针对性的预案，达到预则立的目标。

2. 起火物及蔓延条件，火灾涉及范围和主要蔓延方向。

3. 可能造成的危害和影响，如燃气参与燃烧、人员伤亡、被困情况等，火势发展变化趋势、可能造成的严重后果等。

4. 区分白天、夜间和节假日。在家居民人数会因白天、夜间和节假日发生变化，变化对灭火疏散有利有弊。如白天发生火灾一般易被发现并及时报警，但一般青壮年会离家上班，家中老年人、儿童无人协助逃生，灭火、控火能力弱。夜间发生火灾一般发现晚，人员密集，需要疏散人员多；青壮年在家，灭火、控火能量强，能协助弱势群众逃生。节假日会有走亲访友不熟悉现场疏散路线的人员。

（四）通信联络程序和措施。

利用电话、移动电话、对讲机等建立有线、无线通信网络，确保火场信息传递畅通。火场指挥部、各行动组确定专人负责信息传递，保证火场指令得到及时传递、落实。

（五）报警、接警处置程序

1. 报警。以快捷方便为原则确定发现火灾后的报警方式，如口头报警、固定电话、移动电话报警等，报警的对象为119指挥中心、单位值班领导、消防控制室、可能受火势威胁的人员等。报警时应说明以下情况：着火单位、着火部位、着火物质及有无人员被困、单位具体位置、报警电话号码、报警人姓名；同时还要将火情向居民委员会、物业服务企业、业主委员会报告。

2. 接警。接到火灾报警后，立即启动灭火和应急疏散预案，按预案确定内部报警方式和疏散范围，组织指挥初起火灾的扑救和人员疏散工作，安排力量做好警戒工作。设有消防控制室的住宅，消防控制室值班操作人员接到火灾报警后，以最快速度确认，火灾确认后立即报告专业消防队和值班负责人，启动灭火和应急疏散预案。

（六）扑救初起火灾程序和措施

1. 指挥部、各行动小组迅速集结，按照职责分工，进入相应位置开展灭火救援行动。

2. 按照分工实施现场警戒，切断燃气供应，切断非消防电源，保持消防车通道路畅通，视情提供水源保障、饮食保障等。

（七）应急疏散的组织程序和措施

1. 疏散通报。火场指挥部根据火灾的发展情况，决定发出疏散通报。

2. 确定疏散通报方式。设有消防控制室的利用消防广播播放预先录制好的广播录音或者由值班人员直接播报火情、疏散路线及注意事项。对于未设置火灾事故应急广播的可以明确统一的疏散信号和疏散集结地点，也可以使用手持扩音器喊话方式进行。对于住宅内居住有听力障碍人员的，要采取恰当方式通知当事人疏散。对于有外国人居住的，还应当使用英语或者其他语言等进行通报。

3. 疏散引导。根据建筑特点和周围情况，事先划定供疏散人员集结的安全区域；在疏散通道上分段安排人员指明疏散方向，查看是否有人员滞留在应急疏散区域内，统计人员数量，稳定人员情绪；预案中担负灭火和疏散救援责任的人员变化后，要及时进行调整和补充；把引导疏散作为应急预案制定和演练的重点，加强疏散引导组的力量配备；对于不能自行疏散人员要安排专人协助疏散。

（八）安全防护救护的程序和措施

疏导车辆和围观群众，清除路障，确保消防车通道畅通；引导消防车，协助消防车取水；维护现场秩序，禁止无关人员进入起火建筑；在安全区及时对受伤人员进行救治，将危重病人及时送往医院救治。

（九）火灾现场保护组的程序和措施

火灾扑灭后，对火灾涉及的场所要设置警戒带、封闭出口、锁闭门窗、设置防护栏、防护布等措施对现场实施保护，安排专人看护现场，未经公安消防部门允许，任何人不得进入火灾现场。火灾现场应当保护至公安消防部门现场勘验完毕或者当事人对公安消防部门火灾原因认定无异议时止。

（十）绘制灭火和应急疏散计划图

灭火和应急疏散计划图有助于指挥部在救援过程中对各小组的指挥和控制，应针对假设部位绘制灭火进攻和疏散路线平面图，力求详细准确，图文并茂，标注明确，直观明了。平面图比例应正确，设备、物品、疏散通道、安全出口、灭火设施和器材分布位置应标注准确，假设部位及周围场所的名称与实际相符。对于灭火进攻的方向，灭火装备位置、消防水源，物资、人员疏散路线，物资放置、安全地点以及指挥员位置，图中都应标示明确。

（十一）注意事项

编制灭火和应急疏散预案的注意事项包括：

1. 参加演练的人员应当采取必要的个人防护措施。

2. 灭火疏散阵地设置要安全，应能进能退、攻防兼备。

3. 指挥员要密切注意火场上各种复杂情况和险情的变化，适时采取果断措施，避免伤亡。

4. 灭火救援应急行动结束后，要做好现场的清理工作。

四、花园小区灭火和应急疏散预案（示例）

（一）单位的基本情况

花园小区占地面积32000m²，共有住宅建筑7座，其中1号、3号、5号、6号楼均为52层，建筑高度160m；2号、4号、7号楼均为38层，建筑高度120m；地下设有2层汽车库，按照国家消防技术标准设置了室内外消火栓、消防水泵接合器、消防水池、消防水箱、火灾自动报警系统、自动喷水灭火系统、防烟排烟系统、灭火器、疏散指示标志和应急照明、消防电梯、防火卷帘、防火门等。设有消防控制室，消防控制室设在独立建筑的物业管理用房内。共有业主和物业使用人1600户，常住人口4560人，各年龄段均有分布，有行动不便人员72户，89人，其中夜间及节假日有人协助疏散72人，其他时段17人。每栋楼均成立了业主志愿消防队，每队20人。

××物业有限公司花园小区分公司共有员工120人，消防控制室值班操作人员10人，消防治安巡查人员12人，门卫值班人员18人，物业保洁人员40人，工程维护人员12人，分公司办公人员12人，其他后勤16人。分公司员工全部为志愿消防队员，设有三个微型消防站器材放置点，白天在位人员80人，夜间在位人员40人。

消防安全重点部位有：变配电室、地下车库、消防水泵房、防烟排烟机房、消防电梯机房、电动自行车集中充电棚、电缆井、避难层等。

（二）应急组织机构

成立了以社区居委会主任为总指挥，物业服务分公司经理、业主委员会主任为副总指挥，7栋楼业主志愿消防队队长为成员的指挥部，物业服务分公司每日安排带班负责人，每天24小时在岗，不能在岗时有人替岗。

通信联络组：消防控制室值班人员担任。

灭火行动组：当班消防治安巡查人员4名。

疏散引导组：消防控制室值班人员、办公室值班人员2名，值班保洁员10名。

安全防护救护组：值班后勤人员2名。

现场警戒组：值班门卫4名。

后勤保障组：值班工程技术人员4名。

火灾现场保护组：消防治安巡查员2人。

（三）警情设定

凌晨2时许，3号楼2层一住户发生火灾，住户人员逃生后未关闭户门，火势迅速向上层蔓延，消防控制室值班操作人员接收到火灾探测器报警后，立即利用对讲机通知治安巡查人员到现场确认并组织火灾扑救。

1. 火灾确认后，消防控制室值班操作人员立即确认火灾报警联动控制开关处于自动状态，同时拨打119报警，报警时应说明着火单位地点、起火部位、着火物种类、火势大小、报警人姓名和联系电话。

2. 消防控制室值班人员立即启动单位内部应急疏散和灭火预案，并同时报告当日带班负责人和单位负责人，向指挥部其他成员报告。

3. 消防控制室值班操作人员通过对讲机通知疏散引导组、安全防护救护组、现场警戒组、后勤保障组按照分工立即到位。

4. 灭火行动组到达现场后，发现火势有蔓延扩大的危险，迅速向消防控制室报告火灾情况。

灭火行动组立即按照分工，有2人用灭火器灭火，2人用消防水带灭火，工程部1人到消防水泵房值守，保证消防供水；1人到防烟排烟机房，保证防烟排烟设施正常运行。

5. 消防控制室值班人员接到灭火行动组报告后，迅速启动火灾事故应急广播，通知该单元人员疏散。

按照调研情况，该单元5层、12层分别有一名行动不便人员需要协助疏散，疏散引导组4人携带担架从防烟楼梯间上楼协助疏散，有2人在楼梯口处负责清点疏散到安全区域人员，2人负责使用缓降器协助人员疏散，其余人员按照分工分楼层负责通知尚未疏散住户。

6. 安全防护救护组，迅速与120急救中心联系，派救护车前来救治伤员。

7. 现场警戒组1人负责引导消防车到场，1人负责控制出口，防止人员进入火灾现场，2人负责打开住宅区门禁系统，清理可能影响消防车通行的障碍物，防止无关人员影响灭火救援。

8. 后勤保障组保障消防供电、供水不间断，及时切断起火部位的非消防电源和燃气供应，负责火灾演练现场的布置和事后恢复。

9. 专业灭火救援队伍到达现场后，及时向指挥员报告现场的有关情况，按照指挥员的统一部署，配合专业灭火救援队开展灭火救援工作。

10. 火灾扑灭后，火灾现场保护组按照公安消防部门的要求保护火灾现场。

11. 演练结束后，各组要总结经验，查找问题，总指挥要进行点评。负责预案编制人员对预案进行完善。

（四）演练前准备

1. 物业参加人员培训。学习灭火和疏散预案，掌握分工和职责。

2. 业主和物业使用人培训。学习灭火和疏散预案内容，业主和物业使用人疏散逃生技能。

3. 组织物业服务人员、业主和物业使用人参加灭火器使用、消火栓使用技能训练，手动火灾报警按钮、119 报警技能训练，疏散技能和协助他人疏散技能等训练。

第四节 灭火和应急疏散预案的演练

火灾的发生有其突发性、不确定性等特点，决定了灭火和应急疏散预案只是供演练的脚本，真正发生火灾时切不可生搬硬套。开展灭火和疏散预案演练的目的就是锻炼人员随机应变的能力，无论火灾发生在何时、何部位都能正确做出响应，最大限度地减少人员伤亡和财产损失。

一、灭火和应急疏散预案编制的实战化要求

实战化的灭火和应急疏散预案是以火灾发生的实际情况为出发点和落脚点，是火灾发生时的真实反应，是火灾警情要求相关人员做出应急响应。因此实战化的灭火和应急疏散预案要重点考虑不同时间段、不同人群聚集的特殊情况。

1. 场所人员变动情况。要考虑物业服务企业人员会因日常上班、夜间、节假日而发生变化，要考虑接到通知后 3 分钟内能到达的人员、15 分钟内能到达的人员情况，员工的消防安全素质情况。住宅建筑内人员情况，日常上班、夜间、节假日人员情况，外来人员情况（可以通过门卫值班登记掌握）、不能自行疏散人员情况（分为节假日夜间有人照料和无人照料）。

2. 最可能发生火灾部位清单。包括火源最为集中的部位，可燃物较多的部位，火灾对人员影响最大的部位。如住宅室内发生火灾的主要部位是厨房、客厅、卧室；汽车库、停车场；电动自行车停放、充电场所；变配电室；电缆井；锅炉房、空调机房；空调室外机等。

3. 火灾发生后的危险情况分析，是否需要立即组织人员疏散。火灾发生发展的速度，火灾热和烟气蔓延的途径，可能发生的爆炸或建筑物破坏，火灾威胁到的人和贵重财物。如住宅室内发生火灾，最可能蔓延的方向依次是向上、左右、向下，第一时间需要疏散的人员是上部住户及相邻住户，以下的住户可以放在第二层次；室外汽车火灾可以不考虑住宅内人员疏散；锅炉、空调机房要考虑是否会发生爆炸；变配电室火灾会影响到灭火设施和消防用电的正常工作。

4. 火灾发生后的任务清单要明确，各项任务完成情况要及时向单位现场负责人报告，需要续报的，根据实际情况续报。

（1）不同部位发生火灾、不同时间段发生火灾的排列顺序不尽相同。如火灾报警（向 119 专业消防队报警、火势扩大或扑灭情况、报告单位负责人或当日带班负责人、通知单位在岗员工、通知单位不在岗员工），启动消防设施（自动、手动、现场，人工使用），非消防电源切断（自动、手动），切断燃气供应，引导人员疏散（就地避险、避难层避险、疏散路线选择、协助行动不便人员疏散，消防

事故广播、扩音器引导还是人工引导，从楼梯疏散后防火门的关闭)，初起火灾扑救（火灾无法控制时关闭门窗)，引导消防车，消防道路交通秩序维护，向专业消防队指挥员报告火灾现场情况，协助专业消防队伍供水、破拆，配合专业消防人员采取技术措施；按照要求保护火灾现场等。

（2）业主、物业使用人火灾后任务清单。火灾报警（向 119 专业消防队报警、报告物业服务企业消防控制室或值班室)，通知同住人员疏散，切断电源，关闭燃气总阀，扑救火灾（火灾无法控制时关闭门窗)，通知楼上、左右邻居疏散，向志愿消防队员、专业消防队指挥员报告火灾现场情况，配合专业消防人员采取技术措施；按照要求保护火灾现场等。

二、灭火和应急疏散预案的实战化演练组织

物业服务企业组建的志愿消防队和微型消防站至少每月开展一次灭火、救生技能训练，每年应组织业主、物业使用人员至少进行一次以消防设施、器材使用、灭火和安全疏散为重点的消防宣传和演练活动。

1. 物业服务企业志愿消防队和微型消防站的演练。志愿消防队和微型消防站训练内容包括有关消防法规、消防安全制度和保障消防安全的操作规程；本单位、本岗位的火灾危险性和防火措施；有关消防设施的性能、灭火器材的使用方法；报火警、扑救初起火灾以及自救逃生的知识和技能；组织、引导群众疏散的知识和技能；防火检查、防火巡查、救生技能等训练。

物业服务企业自行组织灭火和应急疏散预案的演练时，可以不要求业主和物业使用人参加，但要求真实，可以随时进行无预案、无预先通知准备的演练。不论什么时间段、不论现场物业服务企业有多少员工、不论是否有领导在场，物业服务人员随时都能迅速分为通信联络组、灭火行动组、疏散引导组、现场警戒组、防护救护组、后勤保障组、火灾现场保护等，人数少时，一人可以身兼数职，按照现场事故状态紧急程度确定先后完成顺序。

2. 业主、物业使用人参与的灭火和应急疏散演练。业主、物业使用人参与的灭火和应急疏散演练要提前通知到每位业主和物业使用人，时间的选择上要以最不利情形为原则，使用书面通知形式并要求业主和物业使用人签名认可，也可以使用公告的方式，公告要使用便于业主和物业使用人知晓的方式，公告时间不少于 7 日，公告或签名认可的书面通知要形成档案资料，存档备查。

3. 灭火和应急疏散预案演练前要组织企业员工、业主和物业使用人进行基本理论学习，学习预案内容，学习企业员工、业主和物业使用人发生火灾后的任务清单。任务要分解落实到部门或人员，明确完成任务标准和信息反馈。承担任务的部位或人员按照在岗时间段设置备岗人员，除组织定期的有预案的演练外，物业服务企业要组织不设定火灾部位的随机综合演练。

4. 灭火和应急疏散预案的完善和持续改进。按照演练一次，总结一次，改进

一次的要求不断完善和改进预案。对演练过程中发现的问题进行分析，对存在问题的人员进行再培训，对错误和不合理的标准、程序进行修订和更正，对未发现的任务清单进行补充，对需要更新或增加的设备进行更新或配置，确定专门人员对预案进行修订，修订后进行审定，准备下一次的演练。

练习题

选择题

1. 消防控制室值班操作人员应当掌握的主要内容有（　　）。

A. 掌握所负责的建筑物基本情况

B. 消防设施配备完好情况

C. 疏散设施情况

D. 人员情况

E. 消防安全重点部位情况

F. 可用的消防力量情况

2. 消防控制室实战化训练的保障措施有（　　）。

A 组织保障　B. 制度保障　C. 资金保障　D. 人员保障　E. 时间保障

3. 微型消防站应当具备的基本功能是（　　）。

A. 防火检查　B. 防火巡查　C. 扑救初起火灾　D. 消防宣传教育

4. 微型消防站的建设要求是实现（　　）。

A. 有组织　B. 有人员　C. 有器材　D. 有战斗力

5. 住宅区物业服务企业建设的微型消防站队员可以由（　　）担任。

A. 保安员　B. 消防巡查员　C. 消防检查员　D. 消防控制室值班操作人员

6. 微型消防站消防员岗位职责有（　　）。

A. 负责扑救初起火灾

B. 熟悉建筑消防设施情况和灭火应急预案

C. 熟练掌握器材性能和操作使用方法，并落实器材维护保养

D. 参加日常防火巡查和消防宣传教育

7. 灭火和应急疏散预案编制依据有（　　）。

A. 消防法律法规规章及规范性文件、消防技术标准和单位内部消防安全管理制度

B. 单位的基本情况、物业服务区域住宅情况、消防安全重点部位情况

C. 单位员工调整情况，居民变动情况

D. 单位员工、居民消防安全素质、防火灭火技能情况

8. 灭火和应急疏散预案编制的程序包括（　　）。

A. 成立编制组织

B. 结合物业服务区域住宅建筑情况，明确重点保卫对象或部位

C. 调查研究，收集资料

D. 科学计算确定人员力量和器材装备

E. 严格审核，不断充实完善

9. 火情预想的主要内容有（　　）。

A. 发生火灾的部位

B. 起火物及蔓延条件，火灾涉及范围和主要蔓延方向

C. 可能造成的危害和影响

D. 区分白天、夜间和节假日

10. 灭火和应急疏散预案演练前主要工作任务有（　　）。

A. 组织企业员工、业主和物业使用人进行基本理论学习

B. 学习预案内容，学习企业员工、业主和物业使用人发生火灾后的任务清单

C. 任务要分解落实到部门或人员，明确完成任务标准和信息反馈

D. 承担任务的部位或人员按照在岗时间段设置备岗人员

参考答案

选择题

1. ABCDEF　2. ABCDE　3. BCD　4. BCD　5. ABCD　6. ABCD　7. ABCD　8. ABCDE　9. ABCD　10. ABCD

第八章　消防安全检查与火灾隐患整改

【内容提要】本章介绍了物业服务企业防火检查、防火巡查内容和要求，配合公安消防部门等消防安全检查方法，不同种类火灾隐患整改要求等内容。通过学习本章，读者应掌握物业服务企业防火检查、防火巡查内容和要求，配合公安消防部门等消防安全检查方法，不同种类火灾隐患整改要求等内容。

防火安全检查是发现和整改火灾隐患的有效途径，是确保消防安全的关键环节，也是贯彻落实“预防为主，防消结合”的重要措施。主要包括物业服务企业内部开展的防火检查、防火巡查；政府其他部门、居民委员会等组织的防火检查；公安消防部门对物业服务企业遵守消防法律、法规的情况和履行消防安全管理职责的情况依法进行的监督检查。

第一节　防火检查

物业服务企业通过防火安全检查、防火巡查，对消防安全管理制度、安全操作规程的落实和遵守情况进行检查，以督促规章制度、措施的贯彻落实，是落实消防安全自查、火灾隐患自除、消防责任自负的重要举措，是单位的自我管理、自我约束的一种重要手段，是及时发现火灾隐患、预防火灾发生的重要措施。物业服务企业应当至少每月组织开展一次防火检查。在重大节假日期间以及火灾多发季节，应组织开展防火检查。对于业主、物业使用人举报投诉的消防安全问题应受理并及时处理。

一、防火检查的内容

防火检查由物业服务企业消防安全责任人或消防安全管理人组织实施，消防工作归口管理职能部门负责人、专兼职消防管理人员以及相关部门人员参与，可根据需要邀请业主委员会代表参加。防火检查的内容应当包括：

1. 火灾隐患的整改情况以及防范措施的落实情况。
2. 安全疏散通道、疏散指示标志、应急照明和安全出口情况。
3. 消防车通道、消防水源情况。
4. 灭火器材配置及有效情况。

5. 用火、用电有无违章情况。

6. 重点工种人员及其他员工消防知识的掌握情况。

7. 消防安全重点部位管理情况。

8. 是否存在生产、储存、经营易燃易爆危险品情况，易燃易爆使用场所防火防爆措施的落实情况以及其他重要物资的防火安全情况。

9. 消防（控制室）值班情况和设施运行记录情况。

10. 防火巡查情况。

11. 消防安全标志的设置情况和完好、有效情况。

12. 搭建临时建筑物、构筑物或变更建筑物用途不符合消防要求的情况。

13. 是否在停车库、地下室违法居住等改变使用性质不符合消防安全要求的行为。

14. 自动消防设施定期维修保养、年度功能检验，电气、燃气设施定期检查检测情况。

15. 其他需要检查的内容。

防火检查应当填写防火检查记录（见表8－1）。检查人员和被检查区域、部门负责人应当在检查记录上签名。防火检查人员应及时将防火检查记录汇总，对发现的火灾隐患按照规定进行处理，防火检查记录归入消防档案进行管理。

表8－1 防火检查记录表（示例）

时间　　年　月　日

序号	检查内容	消防违法行为或火灾隐患	整改措施
1	火灾隐患的整改情况以及防范措施的落实情况		
2	安全疏散通道、疏散指示标志、应急照明和安全出口情况		
3	消防车通道、消防水源情况		
4	灭火器材配置及有效情况		
5	用火、用电有无违章情况		
6	重点工种人员及其他员工消防知识的掌握情况		
7	消防安全重点部位管理情况		
8	是否存在生产、储存、经营易燃易爆危险品情况，易燃易爆使用场所防火防爆措施的落实情况以及其他重要物资的防火安全情况		

（续表）

序号	检查内容	消防违法行为或火灾隐患	整改措施
9	消防（控制室）值班情况和设施运行记录情况		
10	防火巡查情况		
11	消防安全标志的设置情况和完好、有效情况		
12	搭建临时建筑物、构筑物或变更建筑物用途不符合消防要求的情况		
13	是否在停车库、地下室违法居住等改变使用性质不符合消防安全要求的行为		
14	自动消防设施定期维修保养、年度功能检验，电气、燃气设施定期检查检测情况		
15	其他需要检查的内容		

检查人员：　　　　　　　　　　　　　　被检查部位人员：

二、防火检查的频次

物业服务企业应当至少每月组织开展一次防火检查。在重大节假日期间以及火灾多发季节，应组织开展防火检查。

三、防火检查的处理

物业服务企业的防火检查，对于发现的火灾隐患，能当场整改的要当场整改；不能当场整改的，要及时记录在记录表中，督促责任人、责任单位限期整改；到期复查仍然未整改的，要及时报告物业服务企业负责人，对责任人和责任单位采取强制措施和一定的处罚手段。防火检查记录表是消防档案的一部分，是记录单位消防安全管理情况的重要资料，应及时归入消防档案进行管理。

四、对业主、物业使用人举报投诉问题的核查

物业服务企业应当公布消防安全服务电话，受理业主、物业使用人对消防安全违法行为和火灾隐患的举报投诉、接受业主、物业使用人消防安全的咨询、提供消防技术服务。接到业主、物业使用人举报投诉后，应当及时登记并安排人员进行核查（见表8－2）。对业主反映的占用、堵塞、封闭疏散通道、安全出口或

者其他妨碍安全疏散行为，以及擅自停用消防设施的，应当在24小时内核查；对业主反映的其他消防安全违法行为，宜在3日内核查。核查后，对存在的问题要及时处理，并填写消防安全举报投诉登记表。属于物业服务企业自身行为的，要立即制定整改措施予以改正；属于业主或物业使用人行为的，物业服务企业应当通知相关人员纠正，拒不纠正的，应采取相关措施督促改正，必要时报告当地公安派出所。对业主、物业使用人举报投诉的问题处理情况，应当及时告知举报投诉人。

表8－2　消防安全违法行为、火灾隐患举报投诉登记表（示例）

项目	内容
受理时间	
举报投诉人姓名	
联系方式	
举报投诉内容	
核查情况	
处理情况	
告知举报投诉人情况	
备注	

第二节　防火巡查

防火巡查是指由具备一定消防安全管理技能人员按照一定的频次和路线进行防火巡视检查，便于及时发现、消除火灾隐患和消防违法行为，妥善处置火灾危险，发现初起火灾立即报警并及时扑救，是住宅物业消防安全管理的重要内容。物业服务企业应当对管理区域内的共用部位进行防火巡查，结合住宅建筑特点和自身实际，合理确定巡查的人员、内容、部位和频次。参与防火巡查的人员可以由专兼职消防管理人员、微型消防站消防队员担任，也可以根据需要由其他岗位人员兼任。防火巡查可单独进行，也可以结合治安安全、卫生保洁等其他巡查活动同步实施。

一、防火巡查的内容

防火巡查的主要包括以下内容：

1. 用火、用电有无违章情况。

2. 安全出口、疏散通道是否畅通、安全疏散指示标志、应急照明是否在位、完好。

3. 消防设施、器材和消防安全标志是否在位、完整，应当处于自动状态的消防设施是否处于自动状态，消防水池、消防水箱水位是否正常。

4. 常闭式防火门是否处于关闭状态，防火卷帘下是否堆放物品影响使用。

5. 消防安全重点部位的人员是否在岗在位。

6. 消防安全标识、提示警示标识是否设置并保持完好。

7. 消防车通道标识是否明显，是否保持畅通。

8. 是否存在违章给电动自行车充电、存放等情形。

9. 业主或物业使用人装修施工是否符合消防安全要求。

10. 储存、使用易燃易爆危险化学品是否符合消防安全要求。

11. 其他消防安全管理情况。

二、防火巡查实施

1. 用火、用电的防火巡查。用火不慎和用电不规范是引发火灾的主要原因，防火巡查人员应当掌握安全用火、用电的标准和要求，判定用火、用电行为是否违章。

(1) 具有火灾、爆炸危险的场所禁止吸烟、使用明火。严禁在禁放区域内燃放烟火爆竹，禁止在疏散通道、安全出口处使用明火。

(2) 进行电焊、气焊等具有火灾危险作业的人员，必须持证上岗，并遵守消防安全操作规程。因施工等特殊情况需要动用明火作业的，应当按照规定事先办理审批手续。动火施工现场应落实以下消防安全措施：配备消防器材，实行专人监护；将施工区和使用区进行防火分隔；清除动火区域的易燃、可燃物。现场及附近无法移走的可燃物，应采用不燃材料对其进行覆盖或隔离。严禁在裸露的可燃材料上直接动火作业；动火作业后，应对现场进行检查，确认无火灾危险后，动火及监护人方可离开。

（3）不得擅自架设、拉接临时线路。因临时施工、节庆活动等确需架设时，应由专业电工安装并符合有关规定。

（4）禁止私自改装供用电设施，不得擅自增加用电设备。

（5）电气线路导线相互连接或导线与用电设备连接处是否牢固、是否存在因漏雨、受潮、烘烤或老化等原因导致导线绝缘损坏的现象。

（6）配电线路不得穿越通风管道内腔或直接敷设在通风管道外壁上。

（7）电气线路不应穿越或敷设在燃烧性能为 B1 或 B2 级的保温材料中；确需穿越或敷设时，应采取穿金属管并在金属管周围采用不燃隔热材料进行防火隔离等防火保护措施。设置开关、插座等电器配件的部位周围应采取不燃隔热材料进行防火隔离等防火保护措施。

（8）配电线路敷设在有可燃物的闷顶、吊顶内时，应采取穿金属导管、采用封闭式金属槽盒等防火保护措施。

（9）电气设备应与周围可燃物保持一定的安全距离，电气设备附近不应堆放易燃、易爆和腐蚀性物品，禁止在架空线上放置或悬挂物品。

（10）电气设备不应超负荷运行或带故障使用。电气设备的保险丝禁止加粗或者以其他金属代替。

（11）开关、插座和照明灯具靠近可燃物时，应采取隔热、散热等防火措施。卤钨灯和额定功率不小于 100W 的白炽灯泡的吸顶灯、槽灯、嵌入式灯，其引入线应采用瓷管、矿棉等不燃材料作隔热保护。额定功率不小于 60W 的白炽灯、卤钨灯、高压钠灯、金属卤化物灯、荧光高压汞灯（包括电感镇流器）等，不应直接安装在可燃物体上。

（12）可燃材料仓库内宜使用低温照明灯具，并应对灯具的发热部件采取隔热等防火措施，不应使用卤钨灯等高温照明灯具；库房内不准设置移动式照明灯具；照明灯具下方不准堆放物品，其垂直下方与储存物品水平间距不得小于 0.5m；库房内敷设的配电线路，需穿金属管或用非燃硬塑料管保护；库房内不准使用电热器具和家用电器；配电箱及开关应设置在仓库外。

（13）配电盘不应直接安装在可燃材料上，其下方及周围不应堆放可燃物。

（14）用电设备的电源插头与固定插座的结合应紧密，周围不应堆放可燃物。移动式插座严禁放置在可燃物上，尽量避免多个大功率电器同时使用同一插座。

（15）电动车应在指定位置充电，充电线路敷设规范，并采取防止长时间充电等防范措施。

2. 安全出口、疏散通道的防火巡查。安全出口、疏散通道是火灾时保证人员迅速撤离火场的重要设施，必须时刻保持畅通。防火巡查时应重点注意以下方面：

（1）安全出口和疏散通道不得被占用、堵塞、封闭。

（2）设置门禁系统的住宅、宿舍、公寓建筑的外门，应保证火灾时不需使用钥匙等任何工具即能从内部易于打开，设置的使用提示标识应醒目、完好、不遮挡。

（3）安全出口标志应醒目、完好，标志周围不应设置影响观察的障碍物。

（4）疏散走道墙面或顶部不应放置影响人员正常行走的突出构件或其他悬挂物品。

（5）常闭防火门应保持常闭状态，并在其明显位置设置“保持防火门关闭”等提示标识；防火门应保持完好有效，配件齐全。

（6）疏散楼梯间防烟前室、休息平台、梯段处不应堆放影响人员疏散的物品。

（7）避难层（间）不得被占用、堆放物品或改变用途。

（8）救生缓降器、逃生滑道或者逃生梯等辅助逃生疏散设施不得存在拆除、挪用和损坏现象，周边不应存放影响使用的障碍物。

（9）电动车停放、充电场所不得设置在人员住宿和疏散楼梯内。

（10）楼梯间、疏散通道墙面不得设置广告牌匾、张贴宣传字画等可燃易燃物品。

3. 应急照明和安全疏散指示标志的防火巡查。

（1）不得损坏、挪用或者擅自拆除、停用消防应急照明和疏散指示标志。

（2）消防应急灯具安装应牢固，与供电线路之间不应使用插头连接。

（3）消防应急灯具工作状态指示正常（处于主电工作状态，绿灯点亮；处于故障状态，黄灯点亮；处于充电状态，红灯点亮）。

（4）抽查部分应急灯具，按下试验按钮，非集中型消防应急灯具、应急照明集中电源应急灯具应能自动转入应急工作工况，应急转换时间不超过5s。

（5）消防应急照明灯具周围不存在影响光线照射的障碍物；消防应急标志灯具面板不应被涂覆、变更，灯具周围不应存在影响观察的障碍物。

（6）消防应急照明集中电源应处于无障碍工作状态，转换开关应处于“自动”模式，控制柜周边不应存在影响操作、维护、检修的障碍物。

（7）应急照明集中电源的输出支路上不得连接除消防应急照明和疏散指示系统以外的其他负荷。

（8）消防应急照明控制器应处于无障碍工作状态，控制柜周边不应存在影响操作、维护、检修的障碍物。

（9）蓄光型疏散指示标志牌表面不应破损、模糊，不得被其他物品遮挡，周边不应放置影响其吸收光能量的障碍物。

4. 消防设施、器材和消防安全标志的防火巡查。建筑消防设施巡查的内容多、专业性强、技术要求高，从事建筑消防设施巡查的人员，应通过消防行业特有工种职业技能鉴定，持有职业资格证书。设置自动消防设施的一般由消防控制室值班操作人员实施巡查，未设置自动消防设施的，可由安保人员、微型消防站队员等开展防火巡查。

（1）不得存在损坏、挪用或者擅自拆除、停用消防设施、器材的现象。

（2）火灾自动报警系统、自动灭火系统和其他联动控制设备处于正常工作状态，不得将应处于自动状态的设在手动状态。

（3）高位消防水箱、消防水池、气压水罐等消防储水设施水量充足，消火栓泵和喷淋泵进、出水管阀门，高位消防水箱出水管上的阀门，以及自动喷水灭火系统、消火栓系统管道上的阀门保持常开并设置锁定装置。

（4）消防水泵、防排烟风机、防火卷帘等消防用电设备的配电柜启动开关处于自动位置（通电状态）。

（5）在寒冷季节，消防水池、水箱、水系统管道的防冻措施完好有效。

（6）消防车取水口保护措施完好，无被圈占、遮挡现象。

（7）室外消火栓不得被埋压、圈占、遮挡，组件齐全，栓口无漏水现象。

（8）水泵接合器不得被埋压、圈占、遮挡，组件齐全，完好有效。

（9）室内消火栓不得被遮挡，水带、水枪、消火栓、消火栓按钮等配件齐全、完好。

（10）自动喷水灭火系统喷头不得设置附着物、悬挂物品，周围不得存在影响响应的障碍物和阻挡洒水的障碍物；末端试水装置完整，湿式系统末端试水装置压力表读数不低于0.05MPa。

（11）为消防泵组、防排烟风机、应急照明灯具、火灾报警控制器、消防电梯等消防用电设备提供电源的消防供配电设施工作正常，消防设施供电不间断。

（12）火灾自动报警系统探测器在位，表面及周边不应存在影响探测功能的障碍物（如防尘罩、胶带纸等）；手动报警按钮面板完整，周围不存放影响辨识和操作的障碍物。

（13）机械防排烟系统组件齐全、完好。排烟风机周围不堆放可燃材料；送风机新风入口防护网完好；排烟阀、排烟防火阀格栅、盖板组件完好；排烟风管未变形破损，风管上不堆放物品。

（14）不得遮挡灭火器；灭火器放置规范，铭牌朝外，周围不放置影响取用的障碍物，不随意改变灭火器放置位置和种类；灭火器零部件齐全、无松动、脱落或损失；灭火器的驱动气体压力在工作范围内（贮压式灭火器的压力表指针应当在绿色区域）；灭火器箱不得上锁。

5. 消防安全标识。住宅小区的出入口、电梯口、防火门等醒目位置，应该设置提示火灾危险性、安全逃生路线、安全出口、消防设施器材使用方法的明显标志和警示标语；在消防车通道、消防车作业场地、疏散通道以及消火栓、灭火器、防火门、防火卷帘等消防设施附近，设置禁止占用、遮挡的明显标志。

消防安全标志的防火巡查要点：

（1）不得擅自拆除、移动消防安全标志。

（2）消防安全标志应保持完整，不存在老化、脱落、损毁等影响使用现象。

（3）消防安全标志应设在与消防安全有关的醒目位置，标志的正面或其临近不得设置或张贴妨碍公共视读的障碍物。

6. 防火门的防火巡查。常闭式防火门应用广泛，除允许设置常开防火门的位置外（设置在建筑内经常有人通行处的防火门宜采用常开防火门），其他位置的防火门均应采用常闭防火门。常闭式防火门的防火巡查主要包括以下内容：

（1）不得擅自拆除、更换、破坏防火门。

（2）常闭式防火门应处于关闭状态，不应存在使用插销、门吸、木楔等物件使其处于开启的现象。

（3）防火门开启方向不应存在影响开启的障碍物。

（4）防火门闭门器、顺序器、铰链、锁具等组件齐全完好。

（5）防火门关闭后应具有防烟性能。门扇（含防火玻璃）要保持完好、无缺损；门扇、门框上安装的膨胀型密封条不存在脱落现象；门框周边防火堵料封堵密实，不存在脱落现象。

（6）常闭防火门应在其明显位置设置“保持防火门关闭”等提示标识，标识应保持完整，不应被张贴妨碍公共视读的障碍物。

7. 防火卷帘的防火巡查。防火卷帘的防火巡查主要包括以下内容：

（1）防火卷帘下是否堆放物品影响使用。

（2）防火卷帘的导轨是否存在变形现象、轨道内是否留存阻碍卷帘下降的障碍物。

（3）防火卷帘应具有防烟性能，与楼板、梁、墙、柱之间的防火材料封堵密实并保持完好，无脱落、空隙现象。

（4）防火卷帘的温控释放装置的感温元件周围是否存在影响探测温度的障碍物，本体是否被涂覆影响探测温度的障碍物。

（5）用于保护卷帘门的洒水喷头周围是否存在影响喷水、探测温度的障碍物。

8. 消防安全重点部位的防火巡查。消防安全重点部位是指容易发生火灾和一旦发生火灾可能严重危及人身和财产安全以及对消防安全有重大影响的部位。消防安全重点部位要设置明显的防火标志，实行严格管理。

（1）消防控制室应当实行每日24小时专人值班制度，每班不应少于2人，值班人员应当熟练掌握设施操作及消防控制室火警处置程序。

（2）经论证消防水泵可设置在手动启动状态的消防水泵房，应确保24小时有人值班，值班人员能够熟练掌握消防水泵的启停操作。

（3）住宅小区安保值班人员及微型消防站其他值班人员在岗在位。

（4）变配电室、柴油发电机房值班人员在岗，并熟悉单位消防电源供电情况，熟练掌握操作规程，熟练操作启动发电机。

（5）燃油燃气锅炉房等部位值班人员在岗，并熟悉管道切断阀门位置和操作方法。

（6）其他如门卫等消防安全管理需要安排人员值班的部位。

9. 其他消防安全情况的防火巡查。物业服务企业防火巡查要按照“防得住、灭得了、逃得掉”的目标实施消防管理。

（1）地下建筑不得存放、使用液化石油气。

（2）消防车通道和登高操作场地标识明显，不被占用、堵塞或封闭。

（3）抽查各岗位员工消防知识的掌握情况，员工应熟悉本岗位及本人的消防安全职责和相关消防安全制度，会报警、会使用消防器材、会组织人员疏散逃生。

（4）防火墙、防火隔墙不得开设孔洞，电缆井、管道井在每层楼板处以及与房间、走道等相连通的孔隙处采用防火封堵措施不得被破坏。

三、防火巡查的频次

物业服务企业对住宅物业管理区域内的共用部位开展每日防火巡查，宜白天、夜间各一次。

四、巡查情况的处理

防火巡查人员应当及时纠正违章行为，妥善处置火灾危险，无法当场处置的，应当立即报告所属部门或单位消防安全责任人以及管理人按照规定整改。发现初起火灾应当立即向 119 专业消防队、物业服务企业值班室、消防控制室报告火警，并及时组织火灾扑救和人员疏散。

住宅小区物业服务企业应当建立防火巡查记录（见表 8－3），防火巡查人员应当全面、规范填写巡查记录、指出存在的问题，督促有关场所、部门和人员改正。巡查人员及其主管人员应当在巡查记录上签名。

防火巡查记录是消防档案的一部分，是记录单位消防安全管理情况的重要资料，应及时归入消防档案进行管理。住宅小区物业服务企业的消防主管部门应当安排专人对消防档案统一保管、整理，防火巡查人员应及时将巡查记录汇总并报档案管理人员，管理人员及时整理入档备查。

表 8－3　防火巡查记录表（示例）

时间　年　月　日　时至　日　时

序号	巡查内容	巡查发现问题	处理情况
1	用火、用电有无违章情况		
2	储存、使用易燃易爆危险化学品是否符合消防安全要求		
3	安全出口、疏散通道是否畅通、安全疏散指示标志、应急照明是否在位、完好		
4	消防设施、器材和消防安全标志是否在位、完整		
5	应当处于自动状态的消防设施是否处于自动状态，消防水池、消防水箱水位是否正常		
6	常闭式防火门是否处于关闭状态		
7	防火卷帘下是否堆放物品影响使用		
8	消防安全重点部位的人员是否在岗在位		
9	消防安全标识、提示警示标识是否设置并保持完好		
10	消防车通道标识是否明显，是否保持畅通		
11	是否存在违章给电动自行车充电、存放等情形		
12	业主或物业使用人装修施工是否消防符合消防安全要求		
13	其他消防安全情况		

物业公司消防主管人员：　　　　　　　　　　　巡查人员：

第三节　配合消防安全检查

《中华人民共和国消防法》第 53 条规定，“公安机关消防机构应当对机关、团体、企业、事业等单位遵守消防法律、法规的情况依法进行监督检查。公安派出所可以负责日常消防监督检查、开展消防宣传教育，具体办法由国务院公安部门规定。”公安派出所可以对居民住宅区的物业服务企业、居民委员会、村民委员会履行消防安全职责的情况和上级公安机关确定的单位实施日常消防监督检查。公安消防部门对物业服务企业进行消防监督检查，可以督促、指导物业服务企业认真履行消防安全管理职责，发现物业服务企业消防安全管理中的薄弱环节和火灾隐患，掌握住宅消防安全管理和主要火灾隐患情况，为制定住宅消防安全管理规范提供依据。街道办事处等政府部门、居民委员会开展消防安全检查是落实消防安全网格化管理的措施，掌握辖区消防安全状况的主要方法。

一、对物业服务企业消防监督检查的内容

公安消防部门对物业服务企业实施监督检查，重点检查以下内容：

1. 是否制定消防安全制度。

2. 是否组织防火检查、消防安全宣传教育培训、灭火和应急疏散演练。

3. 消防车通道、疏散通道、安全出口是否畅通，室内消火栓、疏散指示标志、应急照明、灭火器是否完好有效。

4. 对设有建筑消防设施的单位，是否对建筑消防设施定期组织维修保养。

5. 物业服务企业对管理区域内共用消防设施是否进行维护管理。

二、检查发现消防安全违法行为或火灾隐患的处理

公安消防部门在消防监督检查中发现火灾隐患的，应当通知有关单位或者个人立即采取措施消除隐患；不及时消除隐患可能严重威胁公共安全的，依照规定对危险部位或者场所采取临时查封措施。发现存在违法行为的，依法给予行政处罚；构成犯罪的，依法追究刑事责任。

（一）公安消防部门监督检查可以采取的措施

公安派出所民警在日常消防监督检查时，发现被检查单位有下列行为之一的，应当责令依法改正：

1. 未制定消防安全制度、未组织防火检查和消防安全教育培训、消防演练的；

2. 占用、堵塞、封闭疏散通道、安全出口的；

3. 占用、堵塞、封闭消防车通道，妨碍消防车通行的；

4. 埋压、圈占、遮挡消火栓或者占用防火间距的；

5. 室内消火栓、灭火器、疏散指示标志和应急照明未保持完好有效的；

6. 人员密集场所在外墙门窗上设置影响逃生和灭火救援的障碍物的；

7. 违反消防安全规定进入生产、储存易燃易爆危险品场所的；

8. 违反规定使用明火作业或者在具有火灾、爆炸危险的场所吸烟、使用明火的；

9. 生产、储存和经营易燃易爆危险品的场所与居住场所设置在同一建筑物内的；

10. 未对建筑消防设施定期组织维修保养的。

公安派出所发现被检查单位的建筑物未依法通过消防验收，或者未依法进行竣

工验收消防备案的；公众聚集场所未依法通过使用、营业前的消防安全检查，擅自使用、营业的，应当在检查之日起五个工作日内书面移交公安机关消防部门处理。

公安派出所民警进行日常消防监督检查，应当填写检查记录，记录发现的消防安全违法行为、责令改正的情况。

公安派出所在日常消防监督检查中，发现存在严重威胁公共安全的火灾隐患，应当在责令改正的同时书面报告乡镇人民政府或者街道办事处和公安机关消防机构。

（二）消防行政处罚

消防安全违法行为的处罚裁量参照《中华人民共和国消防法》有关内容，如“占用、堵塞、封闭疏散通道、安全出口的；占用、堵塞、封闭消防车通道，妨碍消防车通行的；埋压、圈占、遮挡消火栓或者占用防火间距的；室内消火栓、灭火器、疏散指示标志和应急照明未保持完好有效的；人员密集场所在外墙门窗上设置影响逃生和灭火救援的障碍物的”给予五千元以上五万元以下罚款处罚。“违反消防安全规定进入生产、储存易燃易爆危险品场所的；违反规定使用明火作业或者在具有火灾、爆炸危险的场所吸烟、使用明火的”给予警告或者五百元以下罚款处罚；情节严重的，处五日以下拘留处罚。“生产、储存和经营易燃易爆危险品的场所与居住场所设置在同一建筑物内的”给予责令停产停业，并处五千元以上五万元以下罚款处罚。“建筑物未依法通过消防验收擅自投入使用的；公众聚集场所未依法通过使用、营业前的消防安全检查，擅自使用、营业的”给予责令停止施工、停止使用或者停产停业，并处三万元以上三十万元以下罚款处罚。

地方性消防法规对《中华人民共和国消防法》未做规定的消防违法行为处罚作了规定。如物业服务企业可能涉及的“未按照规定制定、公布、实施消防安全制度的”“所属人员行为不符合岗位消防安全要求的”，根据《山东省消防条例》第69条规定责令限期改正；逾期不改正的，对单位处一千元以上一万元以下罚款。“未委托消防技术服务机构定期检测或者维修保养自动消防系统的”“自动消防系统操作人员不具有相应职业资格的”“自动消防系统值守人员未达到规定人数的”根据《山东省消防条例》第70条责令限期改正；逾期不改正的，处五千元以上五万元以下罚款。

（三）物业服务企业积极配合公安消防部门的监督检查

1. 物业服务企业要认真履行消防安全管理职责，积极做好消防安全管理工作，杜绝消防违法行为和存在火灾隐患。积极与公安消防部门联系争取技术支持，多邀请消防监督专业人员给予业务指导。

2. 对公安消防部门的监督检查和街道办事处、社区居委会的防火检查都要积极配合，物业企业的负责人或分管负责人要陪同检查，按照要求提供有关档案资料、查看有关现场，服从检查人员的指导，在监督检查记录上签字，如有不同意见，可以在监督检查记录上注明。对公安消防部门现场检查发现的消防违法行为和火灾隐患要认真对待，积极履行法定义务，采取积极的措施加以整改。一般来说，公安消防部门对违法行为轻微并当场改正完毕，依法可以不予行政处罚，可以口头责令改正，并在检查记录上注明。有不同意见的，可以通过正常渠道说明情况，如果公安消防部门未采纳，采取法律措施，也要积极配合。不服公安消防部门的具体行政行为的，可以依法申请行政复议或者提起行政诉讼。

3. 对于公安消防部门责令立即或者限期整改的火灾隐患，要在规定的时间内整改完毕。公安消防部门在责令限期改正期限届满或者收到当事人的复查申请之日起三个工作日内进行复查。复查不合格的，依法予以立案调查，实施行政处罚。构成犯罪的，依法追究刑事责任。因特殊原因不能在期限内整改完毕的，要在期限届满前向公安消防部门提出书面报告，说明情况和原因。消防违法行为或火灾隐患提前整改完毕的，要立即书面报告公安消防部门；在期限内整改完毕的，在限期整改届满前书面报告公安消防部门。对街道办事处、社区居委会的消防安全检查发现的火灾隐患也要认真组织整改，积极汇报整改落实情况。

对于“占用、堵塞、封闭疏散通道、安全出口或者有其他妨碍安全疏散行为的；埋压、圈占、遮挡消火栓或者占用防火间距的；占用、堵塞、封闭消防车通道，妨碍消防车通行的；人员密集场所在门窗上设置影响逃生和灭火救援的障碍物的”，公安消防部门除依法处罚外，经责令改正拒不改正的，强制执行，所需费用由违法行为人承担。

4. 公安消防部门发现下列情形可以对危险部位或者场所予以临时查封：疏散通道、安全出口数量不足或者严重堵塞，已不具备安全疏散条件的；建筑消防设施严重损坏，不再具备防火灭火功能的；人员密集场所违反消防安全规定，使用、储存易燃易爆危险品的；公众聚集场所违反消防技术标准，采用易燃、可燃材料装修，可能导致重大人员伤亡的；其他可能严重威胁公共安全的火灾隐患。

公安消防部门决定临时查封的，物业服务企业消防安全责任人或管理人要按照通知要求到达现场，听取公安消防部门采取临时查封的理由、依据以及依法享有的权利、救济途径的告知，向现场执法人员提出陈述和申辩。

实施临时查封后，可以向实施临时查封的公安消防部门提出书面请求，进入被查封的危险部位或者场所整改火灾隐患。但不得在被查封的危险部位或者场所生产、经营或者使用。不得以任何理由擅自拆除或者指使他人拆除查封封条，否则承担相应的法律责任。火灾隐患消除后，应当向作出临时查封决定的公安消防部门申请解除临时查封。公安消防部门自收到申请之日起三个工作日内进行检查，自检查之日起三个工作日内作出是否同意解除临时查封的决定，并送达当事人。对检查确认火灾隐患已消除的，应当作出解除临时查封的决定。

5. 对于公安消防部门依法立案调查的，要正确对待，积极配合公安消防部门的调查和取证工作，切不可不理不睬，放任不管。违法事实确凿并有法定依据，对公民处以五十元以下、对法人或者其他组织处以一千元以下罚款或者警告的行政处罚的，公安消防部门可以当场作出行政处罚决定。执法人员当场作出行政处罚决定的，应当出示执法身份证件，填写预定格式、编有号码的行政处罚决定书。行政处罚决定书应当当场交付当事人。行政处罚决定书应当载明当事人的违法行为、行政处罚依据、罚款数额、时间、地点以及公安消防部门名称，并由执法人员签名或者盖章。

除当场处罚外，公安消防部门在调查或者进行检查时，执法人员不得少于两人，并应当出示证件。有关人员应当如实回答询问，并协助调查或者检查，不得阻挠，要向公安消防部门陈述事实，同时要积极采取措施整改，公安消防部门根据整改情况考虑量罚标准，整改积极、进度快，未造成严重后果的，可以不予处罚或减轻、从轻处罚。公安消防部门在作出行政处罚决定之前，应当告知当事人作出行政处罚决定的事实、理由及依据，并告知当事人依法享有的权利。在此阶段，物业服务企业的负责人或分管负责人有权对行政处罚进行陈述和申辩。公安消防部门必须充分听取意见，对提出的事实、理由和证据，应当进行复核；提出的事实、理由或者证据成立的，应当采纳。不得因申辩而加重处罚。公安消防部门作出责令停产停业、吊销许可证或者执照、较大数额罚款等行政处罚决定之前，应当告知有要求举行听证的权利；物业服务企业要求听证的，应当组织听证。物业服务企业不承担组织听证的费用。公安消防部门及其执法人员在作出行政处罚决定之前，不依照《中华人民共和国行政处罚法》第 31 条、第 32 条的规定向当事人告知给予行政处罚的事实、理由和依据，或者拒绝听取当事人的陈述、申辩，行政处罚决定不能成立。

行政处罚决定依法作出后，当事人应当在行政处罚决定的期限内，按照行政处罚决定书规定的履行方式予以履行。当事人对行政处罚决定不服申请行政复议或者提起行政诉讼的，行政处罚不停止执行，法律另有规定的除外。除“依法给予二十元以下的罚款的和不当场收缴事后难以执行的”外，执法人员不可以当场收缴罚款。当事人应当自收到行政处罚决定书之日起十五日内，到指定的银行缴纳罚款。处罚决定作出后要在规定的期限内按照要求履行处罚决定，不服公安消防部门的具体行政行为的，可以依法申请行政复议或者提起行政诉讼。不应以不服公安消防部门的具体行政行为由而拒绝履行处罚决定。否则，公安消防部门将依据《中华人民共和国行政强制法》的有关规定强制执行。

第四节　火灾隐患整改

物业服务企业对于公安消防部门、街道办事处有关部门、居民委员会或业主委员会检查发现的消防安全违法行为和火灾隐患要按照要求认真组织整改，整改情况按照时限报告。在火灾隐患整改过程中遇到的问题要及时联系，必要时可以邀请相关人员现场指导整改，也可以委托专业消防技术服务单位组织整改。

对于物业服务企业在日常防火检查、防火巡查、岗位自查过程中发现的火灾隐患及公安消防部门和其他部门单位要求整改的火灾隐患，要按照单位火灾隐患整改制度及时予以整改。对于不属于物业服务企业职责范围内的，要及时通报相关单位整改，如燃气、电力、供水、通信、有线电视等范围的火灾隐患要及时联系责任单位整改；属于业主和物业使用人职责的，要指导业主、物业使用人做好自用房屋、自用设备和场地的消防安全工作，及时消除火灾隐患。

对于防火检查和防火巡查中发现的消防违法行为和火灾隐患，应当督促立即整改：

1. 违章进入生产、储存易燃易爆危险品场所的；

2. 违章使用明火作业或者具有火灾、爆炸，危险场所吸烟、使用明火等违反安全的；

3. 将安全出口上锁、遮挡或者占用，堆放物品影响疏散通道畅通的；

4. 消火栓、灭火器材、手报按钮等被遮挡影响使用或者被挪作他用的；

5. 常闭式防火门处于开启状态，防火卷帘下堆放物品影响使用的；

6. 消防设施管理、值班人员、防火巡查人员和其他重点部位值班人员脱岗的；

7. 违章关闭消防设施，切断消防电源的；

8. 占用消防车道，妨碍消防车通行或占用消防车登高作业场地的；

9. 其他可以当场改正的行为。

对不能当场改正的火灾隐患，检查人员应提出整改意见，及时向物业服务企业负责人或消防安全管理人报告。物业服务企业负责人或消防管理人应组织相关部门人员进行研究，确定整改的措施、期限以及负责整改的部门、人员并落实整改资金。

共用消防设施保修期内的维修费用，由建设单位承担。属于住宅物业区域内共用消防设施的，物业服务企业应积极向物业建设单位进行报告，督促其整改隐患或落实整改资金。住宅物业区域内共用消防设施保修期满后的维修、更新和改造等费用，纳入共用设施设备专项维修资金列支范围。没有专项维修资金或者专项维修资金不足的，消防设施维修、更新和改造等费用由业主按照相关规定筹集并按照约定承担；相关规定和约定不明确的，由业主按照其所有的产权建筑面积占建筑总面积的比例承担。共用消防设施属人为损坏的，费用应当由责任人承担。

共用消防设施损坏，公安消防部门出具整改通知书、物业服务企业需要立即动用专项维修资金进行维修、更新和改造的，按照当地有关规定执行。因业主委员会不同意在专项维修资金中列支维修费用等原因，导致未按规定实施共用消防设施维修、更新和改造的，物业服务企业应书面告知业主委员会，并及时报告公安消防部门和房屋管理等相关部门。

在火灾隐患未消除之前，物业服务企业应当落实防范措施，保障消防安全。火灾隐患整改完毕，负责整改的部门或人员应当及时报告整改情况。物业服务企业安排人员进行现场复查确认，复查人员根据整改情况填写《复查结果通知单》，并报物业企业负责人或消防管理人签字确认后存档备查。

因规划布局原因导致存在消防车通道不畅通、消防水源缺失等情形，需要有关部门整治、消除火灾隐患的，物业服务企业应及时报告公安消防部门或居民委员会、街道办事处协调解决。

练习题

选择题

1. 公安消防部门对物业服务企业实施监督检查时重点检查的内容有（　　）。

A. 是否制定消防安全制度

B. 是否组织防火检查、消防安全宣传教育培训、灭火和应急疏散演练

C. 消防车通道、疏散通道、安全出口是否畅通，室内消火栓、疏散指示标志、应急照明、灭火器是否完好有效

D. 对设有建筑消防设施的单位，是否对建筑消防设施定期组织维修保养

E. 物业服务企业对管理区域内共用消防设施是否进行维护管理

2. 公安消防部门在消防监督检查中发现火灾隐患或消防违法行为可以采取的措施有（　　）。

A. 通知有关单位或者个人立即采取措施消除隐患

B. 不及时消除隐患可能严重威胁公共安全的，依照规定对危险部位或者场所采取临时查封措施

C. 发现存在违法行为的，依法给予行政处罚；构成犯罪的，依法追究刑事责任

D. 发现存在严重威胁公共安全的火灾隐患，应当在责令改正的同时书面报告乡镇人民政府或者街道办事处

3. 下列违法行为中依据《中华人民共和国消防法》给予五千元以上五万元以下罚款处罚的有（　　）。

A. 占用、堵塞、封闭疏散通道、安全出口的

B. 占用、堵塞、封闭消防车通道，妨碍消防车通行的

C. 埋压、圈占、遮挡消火栓或者占用防火间距的

D. 室内消火栓、灭火器、疏散指示标志和应急照明未保持完好有效的

E. 未委托消防技术服务机构定期检测或者维修保养自动消防系统的

4. 防火巡查主要作用是（　　）。

A. 及时发现、消除火灾隐患和消防违法行为

B. 妥善处置火灾危险

C. 发现初起火灾立即报警

D. 发现初起火灾及时扑救

5. 以下属于防火巡查内容的有（　　）。

A. 用火、用电有无违章情况，是否存在违章给电动自行车充电、存放等情形

B. 安全出口、疏散通道是否畅通、安全疏散指示标志、应急照明是否在位、完好

C. 消防设施、器材和消防安全标志是否在位、完整，应当处于自动状态的消防设施是否处于自动状态，消防水池、消防水箱水位是否正常

D. 常闭式防火门是否处于关闭状态，防火卷帘下是否堆放物品影响使用

E. 消防安全标识、提示警示标识是否设置并保持完好

6. 以下措施中符合防火安全要求的是（　　）。

A. 电气线路不应穿越或敷设在燃烧性能为 B1 或 B2 级的保温材料中

B. 设置开关、插座等电器配件的部位周围应采取不燃隔热材料进行防火隔离等防火保护措施

C. 配电线路敷设在有可燃物的闷顶、吊顶内时，应采取穿金属导管、采用封闭式金属槽盒等防火保护措施

D. 开关、插座和照明灯具靠近可燃物时，应采取隔热、散热等防火措施

E. 配电盘不应直接安装在可燃材料上，其下方及周围不应堆放可燃物

F. 电动车应在指定位置充电，充电线路敷设规范，并采取防止长时间充电等相应防范措施

7. 安全出口、疏散通道的符合消防安全要求的是（　　）。

A. 设置门禁系统的住宅、宿舍、公寓建筑的外门，应保证火灾时不需使用钥匙等任何工具即能从内部易于打开，设置的使用提示标识应醒目、完好、不遮挡

B. 疏散走道墙面或顶部不应放置影响人员正常行走的突出构件或其他悬挂物品

C. 常闭防火门应保持常闭状态，并在其明显位置设置“保持防火门关闭”等提示标识；防火门应保持完好有效，配件齐全

D. 电动车停放、充电场所不得设置在人员住宿和疏散楼梯内

E. 楼梯间、疏散通道墙面不得设置广告牌匾、张贴宣传字画等可燃易燃物品

8. 物业服务企业开展防火检查的要求有（　　）。

A. 应当至少每月组织开展一次防火检查　　B. 在重大节假日期间组织开展防火检查

C. 火灾多发季节组织开展防火检查　　D. 对防火巡查开展情况进行检查

9. 下列内容中属于防火检查内容的是（　　）。

A. 火灾隐患的整改情况以及防范措施的落实情况

B. 安全疏散通道、疏散指示标志、应急照明和安全出口情况；消防车通道、消防水源情况

C. 灭火器材配置及有效情况，自动消防设施定期维修保养、年度功能检验，电气、燃气设施定期检查检测情况

D. 重点工种人员及其他员工消防知识的掌握情况，用火、用电有无违章情况

E. 消防（控制室）值班情况和设施运行记录情况，消防安全标志的设置情况和完好、有效情况

10. 物业服务企业对火灾隐患的整改应当采取（　　）措施。

A. 公安消防部门和其他部门单位要求整改的火灾隐患，按照单位火灾隐患整改制度及时予以整改

B. 对于不属于物业服务企业职责范围内的，要及时通报相关单位整改

C. 属于业主和物业使用人职责的，要指导业主、物业使用人做好自用房屋、自用设备和场地的消防安全工作，及时消除火灾隐患

D. 对于防火检查和防火巡查中发现的消防违法行为和火灾隐患，应当督促立即整改

参考答案

选择题

1. ABCDE 2. ABCD 3. ABCD 4. ABCD 5. ABCDE 6. ABCDEF 7. ABCDE 8. ABCD 9. ABCDE 10. ABCD

第九章　初起火灾扑救和协助调查

【内容提要】 本章介绍了配合消防专业队伍灭火救援要求、协助调查火灾事故要求和吸取火灾事故教训的要求。通过学习本章，读者应了解配合消防专业队伍灭火救援要求、协助调查火灾事故要求和吸取火灾事故教训的要求。

通过采取措施，可以减少火灾的发生，但是，完全杜绝火灾的发生是不现实的。所以，在做好火灾预防的同时，也要做好灭火的准备工作，力争将火灾控制、消灭在初起阶段，最大限度地减少人员伤亡和财产损失。

第一节　配合消防专业队伍灭火救援

《中华人民共和国消防法》第44条第1款规定："任何人发现火灾时，都应该立即报警。任何单位、个人都应当无偿为报警提供便利，不得阻拦报警。严禁谎报火警。"所以一旦发现火灾，要立即拨打119电话报警，报警越早，损失越小。《中华人民共和国消防法》第44条第3款规定："任何单位发生火灾，必须立即组织力量扑救。邻近单位应当给予支援。"在公安消防队或专职消防队到场扑救火灾之前，物业服务企业要迅速启动灭火和应急疏散预案，组织微型消防站，物业志愿消防队，业主和物业使用人志愿消防队开展初起火灾扑救，组织人员疏散，组织疏散受火势威胁的物资。对于在报警后已经自行扑灭的火灾，要及时拨打119电话报告火灾扑灭信息。

如果火势继续扩大，无法控制，火灾现场指挥要视情撤离参与灭火人员，设法组织受火势威胁人员疏散，无法及时疏散的，要采取临时避难措施。同时安排人员到主要街道路口处迎接消防车的到来，清理影响消防车通行的障碍物。专业消防队指挥员到场后，熟悉火灾现场的人员要立即向指挥员报告火灾现场情况，主要报告：是否有人员被困，可能所处的位置，如果知道被困人员情况，也要报告，以便针对被困人员的情况进行救援；发生火灾部位的建筑情况，主要着火物，可能发生蔓延的方向；建筑物消防设施情况，启动情况；建筑周围消防车登高操作场地、室外消火栓、水泵接合器位置；非消防电源的切断情况；建筑安全出口情况，必要时要及时提供建筑或场所平面图、立面图，火势可能影响到的范围和主要蔓延方向。

单位消防责任人、管理人，重点岗位人员，工程技术人员等要服从火灾现场总指挥的命令，火灾现场总指挥根据扑救火灾的需要，有权决定下列事项：使用各种水源；截断电力、可燃气体和可燃液体的输送，限制用火用电；划定警戒区，实行局部交通管制；利用邻近建筑物和有关设施；为了抢救人员和重要物资，防止火势蔓延，拆除或者破损毗邻火灾现场的建筑物、构筑物或者设施等；调动供水、供电、供气、通信、医疗救护、交通运输、环境保护等有关单位协助灭火救援。社区物业服务企业员工、业主及物业使用人要及时回复火灾现场总指挥的询问，如有需要，按照命令要求配合、协助消防队员深入火灾现场疏散救人、灭火或采取技术处理措施。

第二节　协助调查火灾事故

火灾发生后，开展火灾事故调查工作，查明火灾原因和火灾性质，对于研究火灾发生规律、获取火灾信息、提出科学的火灾预防措施，教育、惩戒火灾事故责任者，教育公众等都具有十分重要的意义。

《中华人民共和国消防法》第51条规定："公安机关消防机构有权根据需要封闭火灾现场，负责调查火灾原因，统计火灾损失。火灾扑灭后，发生火灾的单位和相关人员应当按照公安机关消防机构的要求保护现场，接受事故调查，如实提供与火灾有关的情况。公安机关消防机构根据火灾现场勘验、调查情况和有关的检验、鉴定意见，及时制作火灾事故认定书，作为处理火灾事故的证据。"火灾发生后，公安机关消防机构要按照火灾调查规定的程序进行调查，要组织人员对火灾现场进行勘验并制作现场勘验笔录，绘制现场图、现场照相和录像；收集现场及周边的视频监控资料、网络资料和其他相关电子数据资料；要对发现火灾人员，报警人员，扑救火灾人员，现场逃生人员，熟悉起火场所、部位、环境和生产工艺人员，火灾肇事嫌疑人和受害人等知情人员进行询问或讯问。火灾扑灭后物业服务企业、业主委员会、业主、物业使用人应当保护火灾现场，协助火灾事故调查。未经火灾调查机构允许，任何人不得擅自进入火灾现场保护范围内，不得破坏火灾现场。

在物业服务企业服务的范围内发生火灾，物业服务企业要自觉履行法定义务，按照要求保护现场，接受事故调查，如实提供与火灾有关的情况。对于"故意破坏或者伪造火灾现场"的，根据《中华人民共和国消防法》第64条规定："尚不构成犯罪的，处十日以上十五日以下拘留，可以并处五百元以下罚款；情节较轻的，处警告或者五百元以下罚款。"构成犯罪的依法追究刑事责任。

火灾本身具有毁灭证据的破坏性，在扑救火灾、抢救物品时，易使起火痕迹物证遭到破坏，灭火过程中为了扑灭火灾，抢救人员，疏散物资，需破拆建筑物，使现场物品的原始状态以及起火蔓延痕迹遭到破坏。火灾现场是提取查证火灾原因痕迹物证的重要场所，若遭到破坏，直接影响火灾勘查工作的顺利开展，影响火灾现场物证痕迹的获得，严重情况下，还会影响对起火部位、起火点与火灾原因的判断。可以说，保护好火灾现场是做好火灾事故调查工作的前提。

为最大程度的保护火灾现场，还原火灾本来的面目，发现或接到火灾报警后，有条件的要对起火部位进行拍照或录像，记录火灾初起阶段的客观证据。火灾扑灭后，要在一定范围内划定警戒区域，安排专人看守，防止无关人员进入现场，以免破坏现场的痕迹与物证；对于住户发生火灾，要做好业主的安抚工作，劝其不要急于清理。对有影响的火灾现场，可以利用原有的围墙、栅栏等进行封锁隔离，有必要时也可以采用增设围挡、彩条布等进行封闭。被烧坏的建筑物有倒塌危险并危及他人安全时，应采取措施固定。如受条件限制不能使其固定时，应在其倒塌之前进行拍照或录像。

物业服务企业要自觉配合公安机关消防机构的调查，根据需要提供起火部位的建筑图纸、消防设施维修保养记录、电气线路安装情况、视频监控资料，对于可能涉及物业服务企业有责的火灾，要正确对待利益得失，自觉履行法定义务。要利用熟悉情况的优势，协助提供业主或物业使用人的有关情况。

第三节　火灾事故教训吸取

发生火灾是一个小概率事件，看似与自己无关，但却实实在在潜伏在身边。火灾调查结束后物业服务企业、业主委员会应当按照“事故原因不查清不放过，事故责任者得不到处理不放过，整改措施不落实不放过，事故教训不吸取不放过”的原则总结火灾事故教训，加强和改进消防安全管理工作。通过查看火灾现场废墟及被烧毁的财物，感受火灾带来的危害，接受最真实的警示教育，要善于通过火灾事故来教育引导业主和物业使用人提高消防安全意识，自觉预防火灾、维护消防安全。

物业服务企业要组织人员深刻剖析火灾发生、蔓延扩大、造成人身伤亡、财产损失的客观原因和主观因素，查找在消防安全责任制落实、防火巡查、防火检查、消防宣传教育培训、灭火和应急疏散预案制定、演练、实施过程中存在的不足，总结经验，吸取教训，从消防安全管理方面提出有针对性的整改和防范措施。

物业服务企业要与业主委员会联合开展火灾现场警示教育，组织业主和物业使用人查看火灾现场，分析火灾发生的原因，剖析在火灾预防方面存在的不足，以案说法，向业主和物业使用人讲解火灾预防的知识，灭火和自救逃生的技能，提高全体业主和物业使用人的消防安全意识、防火灭火逃生知识和技能，最大限度地减少和避免火灾的发生。

练 习 题

判断正误题

1. 任何人发现火灾时，都应该立即报警。任何单位、个人都应当无偿为报警提供便利，不得阻拦报警。(　　)

2. 发现火灾拨打 119 电话报警后在消防队到达现场之前火灾被扑灭，不属于谎报火警。(　　)

3. 火灾现场总指挥根据扑救火灾的需要，有权决定截断电力、可燃气体和可燃液体的输送，限制用火用电，物业服务企业应当认真执行。(　　)

4. 火灾扑灭后物业服务企业、业主委员会、业主、物业使用人应当保护火灾现场，协助火灾事故调查。(　　)

5. 发生火灾的住户可以自行进入火灾现场寻找自己的贵重物品以防止丢失。(　　)

6. 对于可能涉及物业服务企业有责的火灾，要正确对待利益得失，自觉履行法定义务。(　　)

7. 开展火灾现场警示教育时要注意保护火灾事故当事人的商业秘密和个人隐私。(　　)

8. 故意破坏或者伪造火灾现场情节较轻的，根据《中华人民共和国消防法》可以处警告或者五百元以下罚款。(　　)

参考答案

判断正误题

1. 正确　2. 正确　3. 正确　4. 正确　5. 错误　6. 正确　7. 正确　8. 正确

第十章　消防档案建设

【内容提要】本章介绍了消防基本情况档案内容、日常消防管理档案内容和消防档案管理方法和要求。通过学习本章，读者应了解消防基本情况档案内容、日常消防管理档案内容和消防档案管理方法和要求。

消防档案是物业服务企业在消防安全管理工作中形成的文字、图表、声像等形态的历史记录，可以作为单位开展消防安全管理工作好坏的考评依据。一旦发生火灾，可以为火灾事故原因调查、分清事故责任、处理责任者提供证据材料。物业服务企业应当建立消防档案。设置专门的消防档案橱柜，由专人负责收集、整理、保管、销毁。消防档案内容翔实，全面反映住宅物业消防安全管理工作的基本情况，并附有必要的图表、图纸，根据情况变化及时更新。消防档案应当包括消防安全基本情况和消防安全管理情况。

第一节　消防基本情况档案

消防安全基本情况应当包括以下内容：

1. 住宅物业基本概况和消防安全重点部位情况。基本概况主要包括占地面积、建筑面积、建筑层数、高度、居住户数、人口数等，消防安全重点部位主要是指消防控制室、消防水泵房、防排烟机房、变配电室、车库、避难层等，具体见表10－1。

表 10－1　住宅物业基本情况登记表（示例）

<table>
<tr><td colspan="2">建筑物名称</td><td colspan="3"></td><td colspan="5">投入使用时间</td><td></td></tr>
<tr><td colspan="2">设计户数</td><td colspan="3"></td><td colspan="5">居住人数</td><td></td></tr>
<tr><td colspan="2">占地面积（m^2）</td><td colspan="3"></td><td colspan="5">标准层面积（m^2）</td><td></td></tr>
<tr><td colspan="2">建筑高度（m）</td><td></td><td colspan="2">地上层数（层）</td><td colspan="3"></td><td colspan="2">地下层数（层）</td><td></td></tr>
<tr><td colspan="2">建筑面积（m^2）</td><td></td><td colspan="2">地上面积（m^2）</td><td colspan="3"></td><td colspan="2">地下面积（m^2）</td><td></td></tr>
<tr><td colspan="2">避难层数量（个）</td><td></td><td colspan="2">避难层位置</td><td colspan="3"></td><td colspan="2">避难层面积（m^2）</td><td></td></tr>
<tr><td colspan="2">地下部分用途</td><td colspan="9"></td></tr>
<tr><td colspan="2">消防电梯数（台）</td><td colspan="2"></td><td colspan="2">消防电梯位置</td><td colspan="5"></td></tr>
<tr><td rowspan="6">疏散
楼梯</td><td colspan="3">位置</td><td colspan="2">楼梯宽度</td><td colspan="3">楼梯形式</td><td colspan="2">是否通过楼顶连通</td></tr>
<tr><td colspan="3"></td><td colspan="2"></td><td colspan="3"></td><td colspan="2"></td></tr>
<tr><td colspan="3"></td><td colspan="2"></td><td colspan="3"></td><td colspan="2"></td></tr>
<tr><td colspan="3"></td><td colspan="2"></td><td colspan="3"></td><td colspan="2"></td></tr>
<tr><td colspan="3"></td><td colspan="2"></td><td colspan="3"></td><td colspan="2"></td></tr>
<tr><td colspan="3"></td><td colspan="2"></td><td colspan="3"></td><td colspan="2"></td></tr>
<tr><td>防火分隔
设施</td><td colspan="10">□防火墙 □防火门 □防火窗 □防火卷帘 □防火阀 □排烟防火阀 □防火分隔水幕 □防火玻璃 □其他防火分隔物</td></tr>
<tr><td>建筑分类</td><td colspan="10">□一类高层住宅 □二类高层住宅 □单、多层住宅</td></tr>
<tr><td>建筑结构</td><td colspan="10">□木结构 □砖结构 □砖混结构 □钢筋混凝土（砼）结构 □钢结构 □其他结构</td></tr>
<tr><td>耐火等级</td><td colspan="10">□一级 □二级 □三级 □四级</td></tr>
<tr><td>消防设施</td><td colspan="10">□火灾自动报警系统 □室内消火栓系统 □室外消火栓系统 □自动喷水灭火系统 □泡沫灭火系统 □气体灭火系统 □干粉灭火系统 □灭火器 □建筑防排烟系统 □消防电梯 □疏散指示标志 □应急照明 □火灾应急广播系统 □防火分隔 □消防电源</td></tr>
<tr><td>设施完好
情况</td><td colspan="3">□完好 □故障</td><td colspan="3">消防监控室位置</td><td colspan="4"></td></tr>
<tr><td rowspan="5">消防安全
重点部位</td><td colspan="3">名称或用途</td><td colspan="3">位置</td><td colspan="4">面积、消防设施情况</td></tr>
<tr><td colspan="3"></td><td colspan="3"></td><td colspan="4"></td></tr>
<tr><td colspan="3"></td><td colspan="3"></td><td colspan="4"></td></tr>
<tr><td colspan="3"></td><td colspan="3"></td><td colspan="4"></td></tr>
<tr><td colspan="3"></td><td colspan="3"></td><td colspan="4"></td></tr>
</table>

2. 建设工程消防设计审核、消防验收或备案的文书、资料，有关消防设施的竣工图纸。

3. 消防安全责任人、管理人的基本情况及职责，消防组织机构及其人员组成、职责。

4. 消防安全制度，灭火和应急疏散预案。

5. 消防设施和灭火器材情况，具体见表 10－2。

表 10－2　消防设施和灭火器材情况登记表（示例）

<table>
<tr><td colspan="5">建筑防火分隔和安全疏散设施</td></tr>
<tr><td>名称</td><td>型号规格</td><td>数量</td><td>设置位置</td><td>生产厂家</td></tr>
<tr><td rowspan="4">防火门</td><td></td><td></td><td></td><td></td></tr>
<tr><td></td><td></td><td></td><td></td></tr>
<tr><td></td><td></td><td></td><td></td></tr>
<tr><td></td><td></td><td></td><td></td></tr>
<tr><td rowspan="3">防火卷帘</td><td></td><td></td><td></td><td></td></tr>
<tr><td></td><td></td><td></td><td></td></tr>
<tr><td></td><td></td><td></td><td></td></tr>
<tr><td rowspan="3">防火阀</td><td></td><td></td><td></td><td></td></tr>
<tr><td></td><td></td><td></td><td></td></tr>
<tr><td></td><td></td><td></td><td></td></tr>
<tr><td>推栓式
外开门</td><td></td><td></td><td></td><td></td></tr>
<tr><td rowspan="2">消防电梯</td><td></td><td></td><td></td><td></td></tr>
<tr><td></td><td></td><td></td><td></td></tr>
<tr><td colspan="5">消防给水设施</td></tr>
<tr><td>名　称</td><td>型号规格</td><td>数量</td><td>设置位置</td><td>生产厂家</td></tr>
<tr><td>市政进水管</td><td></td><td></td><td></td><td></td></tr>
<tr><td>消防水池</td><td></td><td></td><td></td><td></td></tr>
<tr><td>消防水箱</td><td></td><td></td><td></td><td></td></tr>
</table>

（续表）

室外消火栓				
室内消火栓				
消防水泵				
防烟排烟设施				
名　称	型号规格	数量	设置位置	生产厂家
挡烟垂壁				
机械防烟设施				
机械排烟设施				
消防电气和通信设施（电力负荷等级　　级）				
名　称	型号规格	数量	设置位置	生产厂家
消防电源				
自备发电机				
疏散指示标志				
火灾事故照明				
报警电话				

（续表）

火灾事故广播				
自动喷水灭火系统				
名称	型号规格	数量	设置位置	生产厂家
水源				
报警阀				
水泵接合器				
水流指示器				
喷头				
末端试水装置				
火灾自动报警系统				
名称	型号规格	数量	设置位置	生产厂家
火灾报警探测器				
报警控制器				
联动控制装置				
手动报警按钮				

（续表）

气体灭火系统				
名称	型号规格	数量	设置位置	生产厂家
喷头				
贮存装置				
选择装置				
水喷雾自动灭火系统				
名称	型号规格	数量	设置位置	生产厂家
水雾喷头				
雨淋阀组				
灭火器配置				
设置位置	类别	型号规格	数量	生产厂家

6．志愿消防队、微型消防站及其人员组成、器材装备情况，具体见表10－3。

表 10－3　志愿消防队人员及器材装备情况登记表（示例）

队别	姓名	性别	出生年月	所属部门
消防装备				

7．自动消防设施值班操作人员、与消防安全有关的重点工种人员情况，具体见表 10－4。

表 10－4　消防安全重点工种人员情况登记表（示例）

姓名	工种	发证单位	证书编号	发证时间
	自动消防设施值班操作员			
	电工			
	电（气）焊工			

第二节　日常消防管理档案

消防安全管理情况应当包括以下内容：

1. 单位内部及相关部门下发的消防工作的文件；公安消防部门下发的法律文书，消防管理资料；街道办事处、居民委员会检查下发的通知、通报等。

2. 单位实施防火检查、巡查、火灾隐患整改记录。

3. 消防控制室值班记录。

4. 消防设施维修保养合同，消防设施维修保养记录，消防设施的检测报告，电气、燃气设施检测（含防雷、防静电）记录。

5. 消防安全教育培训记录、照片、签到表等，具体见表 10－5。

表 10－5　消防安全教育培训记录（示例）

<table>
<tr><td colspan="2">培训时间</td><td></td><td>培训人数</td><td></td></tr>
<tr><td colspan="2">授课人</td><td colspan="3"></td></tr>
<tr><td>培训内容</td><td colspan="4">1. 有关消防法规、消防安全制度和保障消防安全的操作规程；
2. 本单位、本岗位的火灾危险性和防火措施；
3. 有关消防设施的性能、灭火器材的使用方法；
4. 报火警、扑救初起火灾以及自救逃生的知识和技能；
5. 组织、引导在场群众疏散的知识和技能。
本次培训内容为第　　　　　项</td></tr>
<tr><td>参加人员</td><td colspan="4"></td></tr>
<tr><td>培训照片</td><td colspan="4">注：按照单位制定的制度组织进行。单位应当组织新上岗和进入新岗位的员工进行上岗前的消防安全培训。(可覆盖)</td></tr>
</table>

6. 火灾事故记录、火灾扑救照片、录像等资料，具体见表 10－6。

表 10－6　火灾情况登记表（示例）

时间	
部位	
火灾原因	
经济损失（元）	
群众受教育情况	
防范措施落实情况	
责任人追究情况	
附件	

7. 消防工作奖惩记录，具体见表 10－7。

表 10－7　消防工作奖惩情况登记表（示例）

集体或个人	奖惩时间	奖惩种类	奖惩原因	奖惩单位

8. 消防实战化资料，消防演练方案、实施记录、讲评记录等；消防控制室专门训练记录；灭火演练记录、照片等，具体见表 10－8。

表 10-8　灭火、应急疏散预案和演练记录（示例）

<table>
<tr><td colspan="2">演练时间</td><td></td><td>演练人数</td><td></td></tr>
<tr><td colspan="2">演练部位</td><td colspan="3"></td></tr>
<tr><td colspan="2">组织者</td><td colspan="3"></td></tr>
<tr><td>演练内容</td><td colspan="4"></td></tr>
<tr><td>参加人员</td><td colspan="4"></td></tr>
<tr><td>存在问题</td><td colspan="4"></td></tr>
<tr><td>改进措施</td><td colspan="4"></td></tr>
<tr><td>演练照片</td><td colspan="4"></td></tr>
</table>

第三节　消防档案管理

消防档案的收集、管理和保管工作，目的是有效利用，为单位的消防安全管理工作服务。消防档案应当纳入单位档案统一管理，制定消防安全档案管理规定，落实管理责任。

1. 消防档案要分类。消防档案要根据档案形成的环节、内容、时间、形式的不同，把档案分成若干类，类与类之间要有一定的联系，有一定的层次和顺序，前后一致，便于消防档案的立卷和案卷的排列和编目，为管理、查找、使用提供方便。

2. 维护消防档案的完整和安全。维护消防档案的完整一方面从数量上保证档案齐全，应当归档的材料不能缺失；另一方面从质量上维护档案的历史真实性和完整性，不得随意添加或减少。档案保存要保证安全，防火、防盗、防虫，尽量延长档案的保存期，防止档案遗失。

3. 消防档案应当统一保管、备查。消防档案应当确定专门的机构或专人负责统一管理，不应当由承办机构或者个人分散保存，最大限度地发挥档案的作用。

4. 消防档案的销毁。随着时间的推移，有些档案材料会失去保存价值，应当定期按照国家有关规定对档案进行清理，将有保存价值的材料重新归纳综合，继续留存；确已失去保存价值的材料，按照规定销毁，具体见表10－9。

表10－9　消防档案保存期限

档案内容	保存期限
建筑工程的原始技术资料（包括图纸、产品资料、施工记录及检测报告等）	永久保存
建筑工程审核、验收、营业（或使用）前消防安全检查等法律文书	
建筑消防设施检测记录（报告）	不应少于5年
故障维修记录	
维护保养计划	
维护保养记录	
防火巡查记录	不应少于1年
消防控制室值班记录表	
建筑消防设施巡查记录	
其他档案材料	根据实际需要适时保存

练 习 题

选择题

1. 物业服务企业消防管理档案建设要求有（　　）。

A. 应当建立消防档案

B. 设置专门的消防档案橱柜，由专人负责收集、整理、保管、销毁

C. 消防档案内容翔实，全面反映住宅物业消防安全管理工作的基本情况，并附有必要的图表、图纸，根据情况变化及时更新

D. 消防档案应当包括消防安全基本情况和消防安全管理情况

2. 以下属于消防安全管理情况档案内容的是（　　）。

A. 单位内部及相关部门下发的消防工作的文件，消防监督部门下发的法律文书，消防管理资料

B. 单位实施防火检查、巡查、火灾隐患整改记录、消防控制室值班记录

C. 消防设施维修保养合同，消防设施维修保养记录，消防设施的检测报告，电气、燃气设施检测（含防雷、防静电）记录

D. 消防宣传教育培训记录、照片、签到表等

E. 火灾事故记录、火灾扑救照片、录像等资料

3. 消防档案管理的要求有（　　）。

A. 消防档案要分类

B. 维护消防档案的完整和安全

C. 消防档案应当统一保管、备查

D. 消防档案定期销毁

参考答案

选择题

1. ABCD　2. ABCDE　3. ABCD

参考文献

1. 全国人大常委会法工委刑法室，公安部消防局．中华人民共和国消防法释义［M］．人民出版社，2009.

2. 中华人民共和国公安部消防局．中国消防手册（第二卷 消防管理）［M］．上海科学技术出版社，2009.

3. 公安部消防局．公安消防监督员培训业务培训教材 消防监督检查［M］．警官教育出版社，1999.

4. 公安部消防局．消防安全技术实务［M］．机械工业出版社，2016.

5. 公安部消防局．消防安全技术综合能力［M］．机械工业出版社，2016.

6. 庞建军．住宅火灾多发的原因及预防措施［J］．消防科学与技术，2007，26（8 月增刊）：217 –218.